Erste Buchseite, auch „Schmutztitel" genannt

Heinrich Zille...

**Rolf
Kremming**

Zweite Buchseite

Dritte Buchseite

Rolf Kremming

Heinrich Zille

Sein Milljöh

Vierte Buchseite

.

© 2013 **Rolf Kremming**

Illustration: **Heinrich Zille/Fotolia**

Herstellung und Verlag: BoD – Books on Demand, Norderstedt
ISBN: 9783732296002
Fünfte Buchseite

Sechste Buchseite

Prolog

Was macht ein Sachse in Berlin? Er zieht durch die Kneipen, lernt berlinern, schaut dem Volk aufs Maul und wird einer von ihnen. So oder ähnlich könnte man Heinrich Zille beschreiben. Weh wurde ihm ums Herz, wenn er durch die Gassen lief und die Menschen beobachtete. Die Kinder in ihren durchlöcherten Hosen, Kleidern und zerrissenen Strümpfen, die vollbusigen Frauen mit kräftigen Hinterteilen. Er schämte sich für die Männer, die ihre Frauen prügelten, hatte Mitgefühl für all jene, die auf der Schattenseite standen und ums Überleben kämpften. Für ihn waren es die Umstände, die einen Menschen zu dem machten, was er war. Er hatte Verständnis, verurteilte nicht, zeichnete, was er sah. Zille liebte seine Berliner, sein Milljöh, seinen fünften Stand, wie er all jene liebevoll nannte, denen das Leben außer Mühsal, Leid, Hunger, Prügel, Arbeitslosigkeit und feuchte Wohnungen nichts bieten konnte. Und er liebte seine zahlreichen Freunde. Max Liebermann, den Präsidenten der Berliner Akademie, die Künstler August Gaul und August Kraus, Walter Kollo, Hermann Frey, Claire Waldoff, Joachim Ringelnatz ... Doch am liebsten waren ihm die Kinder mit den rotzigen Nasen und die Mütter, die für diese Kinder sorgen mussten, weil die Väter im Knast saßen, arbeitslos waren oder den Wochenlohn regelmäßig versoffen. Zille zeigte Mitgefühl für alle und es war nicht immer zum Lachen, was er sah und zeichnete...

Er ist einer von uns...sagten die ganz unten. Sie nannten ihn „Pinsel-Heinrich", „Professorchen" oder „Vater Zille". „In jedem Strich pocht sein

Herzschlag", schrieb Werner Schumann in dem Buch „Zille sein Milljöh".

„Er ist nicht emporgestiegen, sondern blieb, was er zeitlebens war: ein Arbeiter, der sich zur höchsten Künstlerschaft durchrang. Was sein Auge je fixierte und seine zeichnende Hand festhielt, ist letzten Endes nur eine Variante - freilich eine oft schauerliche - der eigenen Jugend und bittern Armut. Nur ein Mensch, der tief an Leib und Seele erfahren hatte, was es mit der ausweglosen Not auf sich hat, konnte das Wort sprechen: „Wenn ich helfen kann, tu ich's am liebsten in den hungernden Mund gleich!" (Zille sein Milljöh, Fackelträger Verlag).

Doch ohne seine „Meechens" wäre Zille nicht zu denken. Sie nehmen das Leben wie es kommt, sind weder sentimental noch weinerlich, obwohl sie allen Grund dazu hätten. Diese „Meechens", und ihre Art das Leben zu meistern, ist geprägt von Zilles eigener Lebenseinstellung. Kaum etwas nehmen sie tragisch, es ist, wie es ist...da jibt's nischt dran zu löten. Seine Bilder zeigen, dass es ihren Müttern schon so ging, und sollten sich die Umstände nicht ändern, würde es den Töchtern bald ebenso ergehen. Eine Schraube ohne Ende, ein Fass ohne Boden, ein Zeichen der Zeit und der Umstände. So lässt er in einer Zeichnung einer Tochter der Mutter ein tränenreiches Geständnis über die letzte Liebesnacht machen. Und Muttern antwortet: „So, det is ja ne recht nette Geschichte – und wie heeßt er?" „Da hab ick janich nach jefragt, er stotterte ooch so sehr." „Aba Lene, Kind, als jebildetet Meechen sagt man doch: und mit wem hatte ich die Ehre?"

Die Bedeutung des Zeichners Zille als Chronist seiner Zeit ist nicht wegzudenken. Ihm geht es aber nicht nur um die Schilderung der äußeren Umstände wie die unmenschlichen Wohnverhältnisse, den dunklen und dreckige Hinterhöfen mit überquellenden Mülleimern, den Ruinen, Kneipen und dem Kietz. Die Armut riecht bei ihm nach verbranntem Kohl und billigem Schnaps, nach Schweiß, ungewaschenen Füßen, Kindergeschrei, feuchten Wänden und stiller Verzweiflung. Seine Bilder sind das Sittenprortait der Zeit. Nie prangert er die Menschen an, die dort hausen müssen. Ohne Heizung, ohne Gas, ohne Fressen und oftmals ohne Liebe...

„...man könnte sagen, dieser Zille habe etwas von einem Ethnographen gehabt, der Leben und Treiben, Sitten und Unsitten erkundet hat. Statt mit Tabellen, Kurven und Statistiken arbeitete er mit dem Zeichenstift und fast noch mehr, fast schlagender noch mit dem Wort, mit dem lakonisch-schnoddrigen-kodderigen Idiom dieser Rasse, die bekanntlich nicht weniger schlagfertig mit dem Mundwerk ist, als Winnetou mit dem Tomahawk", heißt es in einem seiner Bücher.

Seine künstlerische Arbeit war nicht Selbstzweck sondern Solidarität mit den Gezeichneten. Menschen blieben Menschen, von großen und bedeutsamen Namen ließ er sich nicht einschüchtern. Nachdem er in die Akademie der Künste gewählt wurde, sagte er: „Morgen ist Sitzung - bin gespannt, ob die Leute auch mit Wasser kochen."

Seine freudlose Kindheit mit den vielen Entbehrungen war die Grundlage für die Nähe und Liebe, die er später zu seinen eigenen Kindern empfand und zu den vielen fremden Jören, die ihm auf

Straßen und Hinterhöfen über den Weg liefen. Der Kunsthistoriker Adolf Behne schrieb in der Arbeiter-Illustrierten-Zeitung: „Heinrich Zille liebt das Leben, also liebt er das Kind, und da er die Natur mehr liebt, als die Dressur, so liebt er das Straßenkind mehr als das Gouvernantenkind. Zu dem Kind der Straße gehört die Mutter, die Brust und die Arme, die das Kind halten und abhalten. Väter sehen wir seltener. Er ist wohl in der Fabrik, auf Arbeit. Aber...gehört er überhaupt hierher? Er könnte hier nur Zuschauer sein, und die sind Überflüssig...."

Wer Zille verstehen will, muss sich ein wenig Zeit nehmen, den Fernseher abschalten, das Telefon leise stellen. Dann muss er sich gemütlich aufs Sofa setzen und die Zillebände mit den vielen Zeichnungen in Ruhe durchblättern. Vielleicht schmunzeln Sie bei dem Bild mit dem kleinen Mädchen auf dem Nachttopf und der Unterschrift „Drücken musste!" Oder bei der Zeichnung, auf der eine junge Frau auf der Kellertreppe steht und ein Baby im Arm hält: „Halt stille Steppke, der Pinselheinrich malt Dir!" Auch über die beiden braven Polizisten mit den Pickelhauben, die eine Schnapsleiche über die Straße tragen, kann man schmunzeln. „Müller laufen se nich so schnell, der Kerl riecht zu fein nach Schnaps!" Oder aber Sie lachen über die kleine schlagfertige Jöre auf der Eisbahn, die nur einen „Sechser" hat, das Eislaufen aber einen Groschen kostet. „Na, ick habe doch man aber blos ooch nur een Schlittschuh." Auch der gute Ratschlag, den zwei alte Männer drei jungen Mädchen geben, ist recht originell. „Kinder, lernt nischt, sonst müsst ihr arbeeten!" Vielleicht schmunzeln Sie aber auch

nicht und werden nachdenklich. Zum Beispiel bei dem Bild, auf dem ein kleines Mädchen in einem düsterem Zimmer ihre Mutter fragt: Mutta, weeßte, wie man keene Flöhe kriegt"
„Ne, wie denn?„
„Man muss danebengreifen."
 Oder bei dem Ratschlag: „...wenn de noch mal dein Frihstück verkoofst un sagst, du hast de Sperlinge jefüttert, denn bringt dir Vater uff's Jimnasium; da musste noch ville mehr lernen, nu loof."

Wie alles begann...

Es war ein trüber Tag im Jahre 1907. Die Sonne hatte es noch kein einziges Mal geschafft, sich durch die dunklen Wolken zu drängeln. Es regnete, als würden sämtliche Engel ein Wettpissen veranstalten. Niemand der nicht unbedingt seine Wohnung verlassen musste, setzte bereitwillig auch nur einen einzigen Fuß auf die regennassen Straßen. Sogar die unzähligen Hunde dieser Stadt scheuten die aufgeweichte Straße, heulten und bellten aus den geschützten Torbögen heraus. Nur ein einzelner Mann schlürfte den Bürgersteig entlang. Lautlos schlugen die nassen Enden seiner Schnürsenkel gegen das aufgeweichte Schuhleder. Seine Schritte verlangsamten sich. Er blieb stehen, zog die runde Brille von der Nase und wischte sich mit dem Handrücken die Nässe von Stirn und Augen. Sein Gesicht spiegelte sich im Schaufenster der kleinen Drogerie. Zwischen der längst vergilbten Seifenreklame und einigen lustlos in einem verstaubten Glas herumstehenden Zahnbürsten, sah er seine eigenen verschwommenen Züge. Der gepflegte Vollbart, an vielen Stellen schon weiß vom herannahenden Alter, den Scheitel auf der linken Seite, die vorwitzige Locke kurz über der Stirn. Die dunkle regenschwere Jacke mit den fünf Knöpfen presste sich fest um seinen stabilen Körper. Und - er sah seine zu Fäusten geballten Hände und spürte Angst in sich aufsteigen. Seit vier Tagen war er arbeitslos. Einfach rausgeschmissen hatten sie ihn und ein paar Kollegen. Von einer Minute zur anderen. Mitleidlos. Mit den Worten „Ich habe schließlich keine Versorgungsanstalt", hatte ihn der Chef der Photographischen Gesellschaft nach dreißig Jahren treuer Dienste auf die Straße gesetzt, um jüngere, gesundere und billigere Arbeitskräfte einzustellen. „Und wenn der eine oder andere mich ärgern will und gedenkt, sich an meinem Zaun aufzuhängen, die Villa bewohne ich nicht - sie ist vermietet", hat der Chef mit einem schrägen Lächeln hinzugefügt. Drei Tage hat er dann auf dem Sofa gesessen und die Stubendecke angestarrt. Krank wäre er, sein Magen spuke, hatte er seiner Hulda erklärt und brachte es nicht übers Herz ihr die Wahrheit zu sagen. Dann hatte er weiter gestiert und gesehen, wie Hulda sich Sorgen machte, um ihn und seinem spukenden Magen. Schäbig kam er sich vor und mutlos, und überhaupt...Beim Deckestieren zog die Zeit vorbei. Er sah sich für kärglichen Lohn täglich zehn, zwölf Stunden schuften, hatte nachts noch oft wach gelegen und sich Gedanken gemacht, wie man die Bedingungen im Betrieb verbessern könnte. Jetzt war er auf dem Weg zum Arzt, Angeblich. Noch eine halbe Stunde musste er durch die regennassen Straßen laufen, dann könne er nach Hause, und sie würden ihm glauben, dass er beim Doktor gewesen war.

Doch nachdem er die vier Treppen hoch gestiegen war, und die Tür geöffnet hatte, spürte er sofort, dass alle Bescheid wussten. Der Arbeitskollege Kogler, ebenfalls einer der Entlassenen, war der unbeabsichtigte Überbringer der schlechten Nachricht gewesen. Zilles Frau Hulda, Tochter Margarete und Hans und Walter, die beiden Söhne nahmen ihn in die Arme und trösteten ihn schweigsam. „Damals habe ich meinen Vater das einzige Mal weinen sehen. Aber er weinte nicht, weil er arbeitslos war. Er weinte, weil er seiner Familie den Schmerz der Wahrheit nicht hatte ersparen können", schrieb Margarete später über diesen Moment.

Doch nicht alle waren traurig. August Kraus, August Gaul, Paul Klimsch und Theodor Heine, die Freunde des nun Arbeitslosen, freuten sich sogar ein wenig über diesen Schicksalsschlag. „Wir alle waren nämlich froh darüber, den Künstler Zille frei vom Joch der Ausbeutung zu wissen, das ihn von seinem eigentlichen Schaffen nur fernhielt", verriet Kraus. Die Arbeitslosigkeit brachte schlaflose Nächte und Ängste mit sich. Er ging spät ins Bett, weil er sich vor den Gedanken der Nacht fürchtete. Doch wie oft im Leben, stellte sich heraus, dass eine Niederlage oft nur etwas Vorläufiges und der Wendepunkt zu Neuem ist. Zilles Freunde besuchten ihn täglich und August Gaul, Max Liebermann, Theodor Heine und Klimsch gingen mit ihm spazieren. Seine Einwände, das Wetter wäre zu schlecht, seine Beine täten weh oder ihn plagen Kopfschmerzen, zählten nicht. Sie schoben ihn zur Tür hinaus, die 99 Stufen hinunter. Einige Tage und etliche Bierchen später hatten die Freunde ihren Heinrich davon überzeugt, endlich das zu tun, wovon er seit frühester Jugend träumte: Künstler sein! Um seinen Frust, seine Wut und seine Enttäuschung über das Geschehene in die Welt hinauszuschreien, zeichnete er für den Simplicissimus seine eigene Entlassung, versehen mit den Originalworten des Chefs. Tochter Margarete erinnert sich: „Ich hörte, wie er mit sich selbst redete und laut vor sich hin sagte ‚Na, denn mal los, alter Esel'.

.

Kindheit

Seinen ersten Schrei tat Rudolf Heinrich Zille allerdings 49 Jahre zuvor, in Radeberg an der Röder, nur wenige Kilometer nördlich von Dresden. Es war ein langer und gesunder Schrei, ein kräftiges Aufdieweltkommen in dem kleinen Haus am Markt. Radeberg 1858: 2500 Einwohner, keine richtigen Straßen, ein Krämerladen, Ackerbauern und Tagelöhner, die meistens wussten morgens nicht, was sie abends essen sollten. Alle Vorfahren Zilles sind Sachsen, Sie bestellten die umliegenden Felder, züchteten Blumen oder gingen als Bergleute unter Tage schuften und machten sich die Lungen kaputt. Reich war keiner. Das Überleben forderte ihre ganze Kraft. Der älteste nachweisbare Ahne war Bauer Steffen Zill, der 1549 in Etzdorf bei Döbeln geboren wurde.

Mutter Ernestine Louise Heinitz war die Tochter eines Bergmanns und verdiente mit Näharbeiten für den Unterhalt der Familie hinzu. Vater Johann Traugott Zille war Schmied, Schlosser, Uhrmacher, Goldschmied und - lebensfremd. Neben seiner Arbeit als Uhrmacher verdiente er Geld mit der Anfertigung von Metallbeschlägen für Türen und Fenster und dem Schmieden kunstvoller Gitter. Doch viel Geld war damit nicht zu verdienen, und die Küche der Zilles blieb oftmals kalt. Was auf den Tisch des Hauses kam, machte selten satt. Fast vier Jahre musste der Vater im Schuldturm des Dresdner Gerichtes eine Haftstrafe absitzen. Er war ein gutmütiger Mann und hatte sich durch die Übernahme von Bürgschaften sogenannter „guter Freunde" in eine aussichtslose finanzielle Lage gebracht. Klein-Heinrich hing an seinem Vater und besuchte ihn so oft wie möglich im Schuldturm.

„Hatten mehrere 'ne Schuld aufjenommen, dann konnte eener den anderen ablösen, det nannte man

Wechselhaft. Na, und in solche Sache war mein Vater verstrickt worden. Nu saß er auf dem Boden des Dresdner Jerichtsjebäudes in der Landhausstraße und jenoß seinen unfreiwilligen Feierabend. Sogar besuchen konnten wir ihn, und manche leere Wein- und Bierflasche, et waren ooch noble Abenteurer darunter, jing denn mit und wurde im Lumpenkeller verschärft."

"Vom Vater hab ick fast nischt erfahren...Ick weeß bloß, det et mehrere Brüder waren, die aber nich mal von sich untereinander wat wußten, und bloß alle paar Jahre tauchte mal eener uff."

Drei Jahre drückte Heinrich die Volksschule in Potschappel. Keine große Bildung, Nur das Nötigste. Doch Heinrich war schon als Kind neugieriger als seine Mitschüler, nutzte jede Gelegenheit zum Lesen und fragte den Erwachsenen Löcher in den Bauch. Während Vater Zille in Haft war, zog die Familie 1865 zu Opa Heinitz. Auch die Großeltern waren arm, aber immerhin gab es hier öfter mal eine warme Suppe. Opa verdiente sein Geld als Bergarbeiter und war geschickt im Uhrenreparieren. Manchmal brachten Arbeitskollegen gleich eine ganze Wagenladung Uhren zum Reparieren. Oder der Nachbar schleppte die große Standuhr aus dem Wohnzimmer auf den Schultern über die Straße, während die Frau mit den Gewichten hinterherlief. „Ich brachte die Uhren in den Garten und fegte mit der Gänsefeder erstmal 'nen Schwung Schaben und Wanzen raus. In den Taschenuhren waren es meist die toten Flöhe, die das Werk verstopften. Sie waren aus den Ärmeln der Besitzer gerutscht und in die Uhr gefallen", erinnert sich Heinrich später an seine Zeit beim Großvater.

Manchmal durfte er seinen Opa im Bergwerk besuchen. Es war ein großes Abenteuer für den kleinen Zille. Aber er sah auch, wie die Bergleute, wenn sie einmal in der Woche ihren Lohn ausgezahlt bekamen, in die Garküche gingen und sich ein Stückchen Fleisch gönnten. Dass es eine Kietze war, eine Katze, störte sie nicht, denn anderes Fleisch gab es nicht. „Die Leute reden sich damit raus, et is wejen det Fett, wat doch jejen manchet jut sein soll, aber in Wirklichkeit is et doch bloß der furchtbaren Armut wejen. Dafür fuhr der Kohlenbaron oben Viere lang durch die schmalen Straßen, det den Leuten der Dreck in die Fenster spritzte und se sich janz ängstlich an de Hauswand drücken mußten. Und wenn der Bergmann mit fünfundvierzig jestorben war, dann kam er und forderte am liebsten den Kohlenstaub aus de Lunge, denn der jehörte ihm."

Die Arbeit unter Tage wurde zwar schlecht bezahlt, aber war um vieles besser als der Verdienst in der Heimarbeitungsindustrie. Dreiundzwanzig Pfennige die Woche...und die Kinder, die schon mit zehn und zwölf Jahren in der Streichholzfabrik malochen mussten, hatten vom Umgang mit Phosphor und Schwefel keine Fingernägel mehr. Als Großvater einen Unfall hatte und als Invalide aus dem Stollen kam, verließ er sich ausschließlich aufs Uhrenreparieren. Es gab viele solcher Invaliden, die sich, um nicht zu verhungern, ein kleines Bergwerk bastelten und sich um den Hals hingen. Sie zogen von Kneipe zu Kneipe, ließen ihre Geschicklichkeit bewundern, erzählten Geschichten und erhofften sich ein paar Pfennige für den Unterhalt ihrer Familie.

Als das Gesetz über die Wechselhaft aufgehoben wurde, war Heinrichs Vater frei. Doch jetzt saßen ihm die Gläubiger im Nacken. Sie bedrängten ihn so stark, dass die Flucht nach Dänemark der einzige Ausweg blieb. Von Kopenhagen ging er nach Berlin. Er hatte viel gehört von der Stadt, in der er für sich und seine Familie eine neue Zukunft sah. Er träumte davon, in einem der riesigen Wohnhäuser zu leben und in einer der Fabriken, die überall wie Pilze aus dem Boden schossen, endlich Arbeit zu finden. Mutter packte zwei Kartons zusammen und machte sich mit Heinrich und der vier Jahre älteren Schwester Margarete ebenfalls auf den Weg nach Berlin. Das Fahrgeld hatten sie sich von Großeltern geliehen. Sie freuten sich darauf, endlich wieder ihren Vater und Ehemann in die Arme schließen zu können. „Mein Vater erwartete uns schon am Anhalter Bahnhof. Es war ein langer Fußweg von dort nach dem Andreasplatz...aber wir hatten ja nichts Schweres zu tragen."

Hatten Zilles in ihrer Heimat schon ärmlich gelebt, in Berlin wurde es noch schlimmer. „Es war ein trüber Novemberabend 1867, als wir in Berlin ankamen. Wenn ich auch Dresden in Erinnerung hatte, dort aufgewachsen war, so war ich doch die letzten zwei Jahre bei Großeltern in den Bergen und Tälern gewesen, ein freies Leben gewöhnt; und nun die enge, turmhohen Gemäuer, die von Lärm erfüllten Gassen. Ich hielt mich ängstlich an meine Eltern. Endlich waren wir am Ziel angelangt. Mir schien alles viel zu fein. Haustür, Treppen mit Holz ausgelegt, Treppengeländer Drechslerarbeit, Licht auf den Treppen - bloß unsere einfenstrige Stube und kleine Küche, auf einem Korridor mit noch vier anderen Mietern zusammen, war ein erbärmliches Bild. Ich erschrak über die Ärmlichkeit der Stube. Zerrissene Tapeten, dunkle Konturen, wo einst Bett und Schränke gestanden hatten, beinahe wie ein Muster aussehend. Blutflecke zerquetschter Wanzen und in der Ecke ein Packen

Stroh, das sollte unser Bett sein, und ein großer hölzerner, mit Bandeisen beschlagener Koffer... Ein paar Bündel Kleidungsstücke, das war alles, was wir besaßen, um ein neues Leben anzufangen."

Viel Einzuräumen hatten Zilles ohnehin nicht. Eine Tasse ohne Henkel, vier verbogene Bestecke, bei denen die Messer fehlten. Aber Fleisch zum Schneiden kam so gut wie nie auf den Tisch, der aus einem Pappkarton bestand. Daneben ein wackliger Schemel und ein Ofen, für den es keine Kohlen und kein Holz zum Heizen gab. So froren sich die Zilles durch den ersten Winter. Denn Arbeit gab es hier ebenso wenig wie in Radeberg. Das Nötigste zum Essen verdienten sie sich mit Gelegenheitsarbeiten. Es war die große Zeit der Armut und die vier Zilles gehörten zu denen, die die Fettaugen auf der Suppe nur in fremden Töpfen und Tellern bestaunen konnten. Es war die Zeit, in der Familien tagsüber die Betten an Schlafburschen vermieteten, die nachts arbeiten gingen. Aber selbst das war im Hause Zille nicht möglich – man schlief auf Strohsäcken auf dem Fußboden. Oft quälte sie der Hunger so stark, dass an Schlafen ohnehin kaum zu denken war. Doch Vaters Mut und Zuversicht übertrugen sich auf Mutter, Margarete und auf Heinrich. Oft erzählte er ihnen die wildesten Geschichten aus der Zeit, die er im Schuldturm gesessen hatte, von Hochstaplern, Einbrechern und Menschen, die ohne eigenes Verschulden dorthin gekommen waren. Doch immer fanden die Geschichten ein gutes Ende. Und war man erstmal eingeschlafen, plagte auch der Hunger nicht mehr.

Die Erlebnisse seiner Kindheit wurden bestimmend für sein ganzes Leben. Mit so einer Wohnung kann man einen Menschen genauso töten wie mit einer Axt, erzählte Heinrich später oft. Dabei schloss er die Augen, und jedermann fühlte, dass ihm gerade wohl wieder die Bilder der Kindheit in den Sinn gekommen waren. Und als er viele Jahre später einmal mit einem Freund durch die Andreasstraße spazierte, blieb er für einen Augenblick vor dem Hause Nummer 17 stehen. Er schloss die Augen, atmete den Duft von damals ein und - ging weiter, ohne das Haus zu betreten. Zu schwer waren die Erinnerungen, die ihn immer noch bedrückten. Mutter Ernestine, Margarete und Heinrich bastelten in Tag- und Nachtarbeit billigen Jette-Schmuck, der groß in Mode war. Uhrkettenglieder wurden aus Papier und Pappe gestanzt, mehrere Minuten in Leinöl gekocht, in den damaligen Modefarben rot und marineblau angemalt und in einem Ofen hart getrocknet. Die Mutter, handwerklich sehr geschickt und kreativ, ließ sich immer neue Dinge einfallen. So fertigte sie aus alten Lumpen und Putzlappen farbige Tintenwischer an. Sie bastelte aus alten Stoffresten Hunde und Katzen, die Heinrich mit Knopfaugen versah. Als derlei Tiere sich nicht mehr verkaufen ließen, produzierte Mutter Zille Stecknadel-Igel, die mit Sand gefüllt wurden. Da der Sand noch feucht war, rosteten die Nadeln. Da kam Heinrich auf die Idee, die Tiere mit Sägespäne zu füllen. Einmal in der Woche fuhr er ins Holzwerk und holte zwei Körbe voller Späne. Sah er ein paar Stückchen Holz rumliegen, ließ er sie schnell und unbemerkt unter der Jacke verschwinden, um sie im häuslichen Ofen zu verheizen. Es war ein hartes, ungerechtes Leben. Zeit für Müßiggang gab es selten. Jede freie Minute musste genutzt werden, um Geld zu verdienen. Jeden zweiten Nachmittag zog Klein-Heinrich los und verkaufte den Jette-Schmuck, die Tintenwischer und die Sägespan-Igel in den Papierwarengeschäften der Umgebung. Besonders gern ging er zum alten Bormann in der Brüderstraße, denn der kaufte ihm Schmuck und Tintenwischer oft gleich dutzendweise ab. Das hat Heinrich nie vergessen. Und Zeit seines Lebens kaufte er dort seine Zeichensachen ein. Gegessen wird in zwei Schichten in der Volksküche. Aus Angst vor seinen Gläubigern hatte Vater Zille bei der polizeilichen Anmeldung und auf dem Namensschild an der Wohnungstür das –e am Ende des Namens weggelassen. So hießen sie nun schlicht und ergreifend Zill. „Erst während meiner Militärzeit habe ich erfahren, dass mein richtiger Name Zille war. Das war ein richtiger kleener Schock für mich jewesen. Hatte ick doch imma jedacht, ick wär der Heinrich Zill."

Das alte Berlin

Spielplätze gab es damals kaum, und schon gar nicht in der Armeleutegegend um den Bahnhof herum. Straßen und Hinterhöfe waren der Abenteuerspielplatz der Kinder. Auf dem Königsgraben fuhren die Jungs Kahn, die Soldaten des Kaisers exerzierten auf dem Dönhoffplatz, und ihre Pickelhauben glänzten in der Sonne als hätte man sie extra dafür mit Fett eingeschmiert. Die Kinder sangen vor dem Denkmal auf dem Platz:
„Wenn die jrüne Katze
uff dem Dönhoffplatze
Wasser speit
Is der Frühling von Berlin nicht weit.„

Die Guckkastenmänner ließen für ein paar Pfennige die große weite Welt durch Röhren betrachten. Frauen mit dicken Busen und schmierigen Schürzen standen vor den Häusern, schwatzten und hörten den Leierkastenmännern zu. Einer von ihnen, Drehorjelkarlchen, hatte immer seine schwarze Katze dabei. Von seinen dünnen Schultern herab fauchte sie jeden an, der näher als einen Meter herankam. So musste jeder seinen Groschen in hohem Bogen in die Mütze werfen. Orjelmaxe hatte einen kleinen Affen, der ein rotes Röckchen trug und eine weiße Schleife auf dem Kopf. Man lachte, sang und warf in Zeitung eingewickelte Pfennige aus dem Fenster. Die Jungs maßen ihre Kräfte mit den Fäusten, die Mädchen heulten, wenn sie Blut sahen. Oder man band eine Geldbörse an eine dünne, fast unsichtbare Angelsehne und legte sie auf den Bürgersteig. Bückte sich jemand nach dem Portmone, zogen die Bengels aus dem Hauseingang heraus blitzschnell an der Schnur, und schwupp, war die Börse weg. Die Erwachsenen fluchten...wenn ick euch awische, denn könnta aba war aleben...die Jungs hielten sich die Bäuche vor Lachen und warteten auf den Nächsten, der nichtsahnend vorbei käme und mit dem sie das Spiel noch einmal machen konnten. In der nahen Spree standen Männer in hohen Gummistiefeln und schöpften das Flusswasser in große Tröge, die auf Pferdewagen am Ufer standen. Daneben schrubbten die Waschweiber Hemden, Kittel und Hosen. Man kicherte, summte vor sich hin, genoss das, was man Leben nannte.

Mit zehn Jahren verdient sich Heinrich nach der Schule ein paar Groschen als Stadtführer hinzu. Der kleene Zille war schon als Kind ein guter Redner, und ohne Angst und Scheu Fremden gegenüber. Trotz seiner jungen Jahre musste er zum Lebensunterhalt der Familie beitragen. Doch trotz Schule und der Arbeit nebenbei findet Heinrich immer noch Zeit zum Lernen. Und Lernen, Lernen, Lernen wird die Devise seines Lebens bleiben. Denn das was du im Kopf hast, kann dir niemand mehr weg nehmen, erklärt er seinen Kindern später immer wieder. Sein Leben ist von der Angst geprägt, dorthin wieder zurück zu müssen, woher er einmal gekommen war. Zu seinem Bett aus Stroh, Essen aus der Volksküche und den Wanzenbildern an den Wänden. Mit Touristen und reichen Berlinern wandert er auf den Spuren des 50teiligen Schund-Romans „Die Bauernfänger von Berlin". Er zeigt seinen Kunden Tübbecke, die Kneipe ohne Kleiderhaken, ohne Gas und ohne Billard, und bei einer Potsdamer Stange oder einem Spree-Athener lauschte man seinen Gruselgeschichten vom Tod auf der Liebesinsel durch Aufhängen an einer dicken Eiche und dem Entstehen des Stralauer Fischzugs. Besonders an trüben Tagen gab es hier jene Atmosphäre, die zum Gruseln gut geeignet war. Und Tübbecke selbst wurde ebenfalls bestaunt. Früher war er Kunststudent gewesen, dann hatte er es jedoch vorgezogen, Budiker zu werden. Keiner wusste so recht warum und wieso. Noch nicht einmal er selbst. Während sich Zilles Publikum von dem verkannten Genie bedienen ließ, bestaunten sie seine Kupferstiche, Lithographien und Malereien an den Wänden. Nach dem zweiten Bier und der obligatorischen Bockwurscht erzählte Klein-Heinrich Geschichten aus den übelsten Verbrecherkneipen, in denen der Wirt mit dem Revolver die Zeche kassierte, wo man sich bei flackerndem Gaslicht das teilte, was kurz vorher noch anderen gehörte. Heinrichs Fantasie war grenzenlos. Er erzählte von den Fischern des alten Dorfes Stralow, die nachts auf die Spree hinaus fuhren und mit den Geistern tief unten am Grunde des Flusses sprachen. Er erzählte die schaurigen Geschichten vom Leichenhaus direkt neben der Kirche und den Kindesmörderinnen vom Stralauer Tor. Von Anna, der 19jährigen Näherin, die sich mit dem Mann ihrer

Schwester eingelassen hatte und nun schwanger war. Die Mutter brach in Tränen aus, der Vater stieß sie aus dem Haus. Ohne Geld stand Anna auf der Straße. Nur mit dem bekleidet, was sie am Leibe trug. Nach der heimlichen Geburt in den Müggelbergen, tötete sie ihr Kind. Ihre Strafe: Tod durch Ersäufen. Man band ihr Arme und Füße mit Seilen zusammen, steckte sie in einen Leinensack und band ihn am oberen Ende zu. Dann wurde sie öffentlich vom Henker Bartsch von der Brücke hinab in die Spree gestoßen. Und wenn Heinrich von den Selbstmörderinnen erzählte, die sich ins Wasser warfen, bekamen seine Zuhörer Gänsehaut. Es waren arme Frauen vom Lande, die nach Berlin gekommen waren, um als Haushaltsangestellte eine Stelle zu finden. Doch viele wurden ausgenutzt. Mussten sieben Tage in der Woche putzen, Kinder versorgen, einkaufen gehen und Essen kochen. Und wenn sie sich mit dem Hausherrn nicht auch noch im Bett vergnügten, landeten sie kurzerhand auf der Straße. Einer Straße, die ins Elend oder zum Selbstmord führte. Das Thema Selbstmord findet man später in Zilles Zeichnungen immer wieder. Zum Beispiel, wie eine junge Mutter mit ihrem Kind ins Wasser gehen will. „Mutter isset ooch nich kalt". „Nee, lass man, die Fische leben ja ooch drin."

„Das Sehen und Erleben in der Kinder- und Jugendzeit half mir später meine Bilder zu gestalten." Und so haben seine Zeichnungen oftmals autobiographische Züge. Auch die Geschichte von der Frau Direktor, den fünf Tingel-Tangel-Mädchen und ihrer Kapelle. Die Damen wohnten im Kiez direkt über einer Rossschlächterei, und der junge Zille war der Vertraute und Laufbursche der Damenkapelle. Er trug ihre Briefe zur Post, kaufte ein, wenn sie noch erschöpft im Bett lagen und schnarchten. Er zeichnete die

Rossschlächterei von Dora Mayer mit spielenden Kinder vor der Tür. Die Geschichte, die er dazu schrieb, nannte er Spezialitäten.

Röschen hatte einen Piepmatz in 'nem kleinen Vogelhaus und an seinen Liedern konnte sich die Nachbarschaft erfreuen. Frau Direktor und fünf Tingel-Tangel-Sängerinnen hausten in der kleinen Wohnung, übten am Tage ihre Gesänge und zankten sich um die Liebhaber. In allen Winkeln und Gassen sangen und pfiffen die Kinder: „Ach hätt ich doch nur Hosen an, ach wär ich, ach wär ich nur ein Mann!" - oder: „Wenn doch das rote Meer lauter Rotwein wär, und ich ein Mädchen wüßt, das mir Champagner..." - und was sie sonst alles erlauscht hatten. „Ich war damals 12 Jahre alt, schleppte ein mit Kostümen vollgestopften Reisekorb nach den Bahnhöfen oder in einen neuen Tingel-Tangel-Keller Berlins. Auf das Packen des Korbes musste ich immer warten und mir die Zeit beschaulich ausfüllen. Halbnackend beim Waschen und Ankleiden übten sie noch das neue Programm. Damals waren mir die Sängerinnen angezogen lieber. Am besten gefiel mir die Thusnelda, vor allem, wenn sie jeden Sonntag auf ihrem hohen Fahrrad nach den Tiergarten gondelte. Mit 15 Jahren war sie Kassiererin in einem anatomischen Kabinett. Dann stand sie im Trikot Muster vor einer Athletenbude in der Hasenheide. Auch machte sie den Bunten Komiker, was man auch Klamotte oder Kittneese nennt, auf einer Sommerbühne. Sie blies Trompete und geigte als Blindspielerin in einer Damenkapelle, den mit Seife eingestrichenen toten Bogen. Sie verdiente sich das Geld als Dame ohne Unterleib und wurde Akrobatin. Ein dicker Schweineschlächter, von ihr bezaubert, bezahlte ihr Gesangsunterricht. So wurde aus der

Dame ohne Unterleib die Sängerin Thusnelda im Tingeltangel-Keller."

Oder die Geschichte von Clara, der Hure, die über seiner elterlichen Wohnung lebte. Es war die Geschichte einer sehr seltsamen Ehe zwischen einer Prostituierten und ihrem Ehemann, einem Kellner: Ihr Mann kam selten nach Hause, nur zufällig, vielleicht mal im Suff. Er war Kellner, Kellnerfranz oder kurzweg „Die Fränze" genannt. Er schlief gleich in der Kneipe, die recht zweifelhaften Nachtbetrieb hatte. Sobald es dunkelte, lief sie auf die Straße, um zu verdienen. Die frechen Kinder riefen hinterher: „Clara, schon so früh uff de Beene...?" So war es manchmal auch mein Amt, während Frau Clara „klettern" ging, ihren schwachsinnigen Fritze zu verwahren. Er winselte wie ein junger Hund, wenn man ihn allein ließ, und manchmal fiel er auch mit seinem schweren Kopf aus dem morschen Wagen. Bei einem Teller dampfender Bratkartoffeln und einem Haufen gelb gehefteter Schundromane, die „Bauernfänger von Berlin" oder „Isabella, die Königin von Spanien" und vielen anderen, konnte ich mir die Zeit vertreiben. Oft war die Lampe ausgebrannt. Fritzens Hand haltend, damit er merkte, ich sei noch bei ihm, fand mich Frau Clara um Mitternacht schlafend. Sie gähnte, zählte Geld, zog sich aus und ich ging. Sie kleidete sich streng nach der Mode. Hochgestellt Brüste, den kleinen Hut ins Gesicht gedrückt, hohe Tournüre, von Spöttern „Tonhalle" genannt. Im Nacken Locken, die tagsüber im Tischkasten zwischen Schrippen, Wurstenden, Gabeln, Löffeln, Mahnungen, Controllbuch, Schminke, Mutterpflaster, und was man alles zum Leben nötig hat, lagen. Sie war beliebt. Postlagernde Briefe holte ich von der Post, schlecht geschriebene von ihr, trug ich nach dem Briefkasten. Den Hausrat trug ich nach der Pfandleihe. Schlecht Wetter, - schlechte Geschäfte! - Dann war Frau Clara blank. Nun lief ich zu ihrem Mann nach Geld. Dadurch wurde ich das verbindende Glied zwischen den Ehegatten. Hatte er selbst nichts, dann gab er mir seinen Frack zum Versetzen und „Fränze" kellnerte schämig in Hemdsärmeln. Im Kreise seiner Verehrer, der lichtscheuen Sauf- und Spielkumpel, nannte er den Frack sein Feigenblatt. So deckte das schwarze Feigenblatt des Kellnerfränze auch Frau Claras Blöße, wenn sie blank war."

Manchmal verkaufte Heinrich auch Theaterzettel. Dann lief er vor dem Wallner-Theater hin und her und bot den fein gemachten Leuten die Programme an. „Einmal bin ick sogar in'ne Loge des Theaters gewesen.. Ein Herr und eine Dame meinten, wenn ich mit den Zetteln handle, müßte ich auch das Stück kennen. - und nahmen mich mit. Ausgerutscht bin ich auf dem glatten Parkett nicht - ich war barfuß. Die Mottenburger wurden gespielt. Na, ich glaube, beim damals viel gefeierten Puppenspieler Richter hat's mir besser gefallen." Manchmal passte er auch am Bahnhof auf, bis die verspäteten Züge kamen. Dann rannte er wieselflink um die Ecke zur Droschkenremise, wo die Kutscher versammelt waren und sich beim Puppentheater amüsierten. Ein lauter Pfiff, die Droschkenkutscher griffen ihre Zügel und machten sich auf den Weg zum Bahnhof hin. Dieser Tipp war ihnen immer ein paar Groschen wert. Die Puppenspieler hatten ihre Bühne meist In den Tanzsälen und großen Kneipen aufgebaut und spielten für Kinder und Erwachsene. Besonders Puppenspieler Richter war stadtbekannt. Überall wo der alte, lustige Herr auftrat, hatte er begeisterte Zuschauer. Als Direktor Richter starb dichteten die Kutscher ein Lied:

Wer ist tot? Wer ist tot?

Der Puppenspieler Richter –
schad um ihn - schad um ihn –
er war ein großer Dichter.

Heinrich sorgte sich sehr um die Familie. Aber er war kein Musterknabe. Und wenn irgendwo ein Streich ausgeheckt wurde, konnte man sicher sein, dass Heinrich seine Finger im Spiele hatte. Eine seiner Lieblingsspäße, für die er sich später noch lange geschämt hatte, war das Ärgern der ungewöhnlich dicken Obstfrau vor dem Alten Museum, die auf den Stufen saß und Äpfel, Birnen, Kartoffeln und Zwiebeln verkaufte. Man munkelte hinter vorgehaltener Hand, dass sie als Kind die Lampe hielt, während ihre Mutter dem Ehemann im Schlaf die Kehle durchgeschnitten hatte.

Ein neuer Anfang

Eines Tages im Jahre 1869 kam Traugott Zille von seiner illegalen Tätigkeit als Kofferträger vom Anhalter Bahnhof zurück. Die mühsam verdienten Groschen steckte er in Mutters Kittelschürze, setzte sich an den wackligen Tisch und aß schweigend die zum dritten Mal aufgewärmte Bohnensuppe dieser Woche. Er legte den Löffel auf das gescheuerte Holz und verkündete feierlich, dass er ab nächste Woche eine feste Anstellung als Mechaniker bei Siemens&, Halske hätte. Stille in der kleinen Küche. Erst schaute Mutter ihren Traugott sprachlos an, dann fiel sie ihm jubelnd um den Hals und weinte. Von nun sollte alles anders werden.

Ostern 1872 beendet Zille die Volksschule. Zwei Jahre zuvor hatte er seine Liebe zum Zeichnen entdeckt. Auf alten Schulblättern, zerknittertem Packpapier, vergilbten Zeitungsrändern und sogar auf Droschkenfahrscheinen findet man Portraits von seinen Freunden, der Großmutter, seinen Eltern und seiner Schwester. Einmal in der Woche ging er zum Lehrer Spanner und nahm für einen Taler Zeichenunterricht. Die Kupferstiche des englischen Zeichners Hogarth, die er in Zeitschriften entdeckt hatte, beeindruckten ihn sehr. Immer und immer wieder zeichnete er sie nach, übte und wollte so werden wie er. Mit dem alten Spanner verband ihn eine tiefe Freundschaft. Er mochte und er ehrte den alten Herrn, der ihn in der kleinen Mansardenstube stundenlang nasse Waschlappen in verschiedenen Lichtern, Tassen mit Henkel und die Falten im Stoff seiner eigenen Hose malen ließ. Aber Heinrich war glücklich. Er wusste, was er werden wollte: Ein Künstler. „Also, du willst Zeichner werden, mein Junge?" Die Stimme des Vaters klang streng. „Gar nicht so schlecht. Aber womit willst du dein Geld verdienen und später eine Familie ernähren?" Klein Heinrich, der die Abneigung des Vaters gegen diesen Beruf deutlich spürte, schwieg. Was hätte er auch sagen sollen. Er wusste, dass Vater es gut mit ihm meinte. Und trotzdem... Auf Hilfe hoffend schaute er zur Mutter hinüber, die gerade abwusch. „Für eine Zeichnung gibt kein Mensch auch nur einen einzigen Taler aus. Die Leute haben kein Geld für so etwas. Lerne was Vernünftiges", erklärte sie und stellte die polierten Sonntagstassen in den Schrank zurück. „Also Junge, was willste nun werden?" Heinrich schweigt. Dann erklärte er trotzig: „Wenn ich nicht Zeichner werden darf, dann ist mir alles egal."

27

„Gut, dann wirst du Schlächter", bestimmte die sonst schweigsame und liebevolle Mutter. Zille spürte: Ihre Worte duldeten keinen Widerspruch. Heinrich war erschrocken. Schlächter sollte er werden. Das war ihm noch niemals in den Sinn gekommen Er dachte an den dicken Krause mit seiner noch dickeren Frau in ihrem Schlachterladen an der Ecke. Blutverschmierte Kittel trugen sie, hatten rote Gesichter und Wurstfinger. Und dann dieser Geruch. Manchmal hörte er die Schweine schreien, wenn sie zur Schlachtbank geführt wurden. Er, der keiner Fliege ein Leid zufügen konnte, sollte Tiere auf brutale Weise töten. Ihnen mit dem Messer die Kehle durchschneiden und dann mit dem Beil zerhacken. Bei dem Gedanken ekelte er sich. Er würgte. Tränen stiegen in seine Augen. Doch es gab kein Zurück. Mutter hatte ein Machtwort gesprochen, der Vater genickt und Heinrich hatte zu gehorchen. Die Fleischerlehre begann. Schon am zweiten Tag musste Heinrich einen Hammel an einem Strick um den Hals durch die Straßen zerren. Im Schlachthof musste er das blökende Tier auf den Bock legen und festhalten. Das Blut spritzt in alle Richtungen. Ihm ist übel. Auf der Toilette übergibt er sich. Dahin gehe ich nie wieder zurück, beschließt er und rennt so schnell er kann vom Schlachthaus weg. Aber wohin soll er gehen? Wie soll er seinen Eltern erklären, dass er als Fleischer ungeeignet ist? Plötzlich steht er vor dem Hause seines Zeichenlehrers Spanner. Wie im Traum hatten ihn seine Füße hier her gebracht. Ganz ohne dass er es bemerkt hatte. Zwei Stufen auf einmal nehmend rennt er die Treppen hinauf. Nach Luft schnappend kommt er in der Dachstube an, klopft den alten Herrn aus seinem Mittagsschlaf und erklärt: „Ich habe geholfen ein Tier zu töten. Ich habe es zur Schlachtbank geführt und festgehalten. Ich will kein Schlächter werden. Ich kann kein Blut sehen." Spanner hatte aufmerksam zugehört. Der kleine Heinrich war ihm ans Herz gewachsen. Er war ein lieber Junge. Und Talent hatte er noch obendrein. Es wäre eine Schande, wenn der Junge..." Noch bevor Spanner den Satz zu Ende gedacht hatte, wusste er, was zu tun war. Der alte Herr stieg in seine Stiefel, zog die Jacke über, legte einen Schal um den Hals und setzte den alten Filzhut auf sein fast kahles Haupt. „Ich werde mit deinen Eltern reden", erklärte er bestimmt. Und Spanner war nicht nur ein guter Zeichenlehrer, er hatte auch die Überzeugungskraft, die nötig war, um Mutter und Vater Zille zu überreden, ihren Heinrich in eine Lithographenlehre zu schicken. „Er sitzt in einer warmen Stube, friert nicht an Händen und Füßen, bekommt keine schmutzigen Finger und trägt Kragen und Schlips. Pünktlich um viere jeht er nach Hause und wird mit Sie anjeredet." Zilles Eltern waren überzeugt, und Heinrich begann 1872 in der Hechtschen Werkstatt seine Lehre. Meister Hecht war kein Künstler, aber ein guter Handwerker, der sich auf das Kopieren alter Werke verstand. „Meine Eltern waren stolz. Es gefiel ihnen. Und ich kopierte nun Fürsten, Feldmarschälle, Generäle, und Schlachtenbilder. Der Öldruck war erfunden und die Bilder wurden bunt gedruckt. Es waren die Ölgemälde der Armen. Hier musste ich die deutschen Heerführer und Fürsten gleich dutzendweise fabrizieren. Madonnen mit blutenden Herzen und den Gekreuzigten, die dann in den Wohnungen der armen Leute rechts uns links neben dem Regulator hingen. Billig zierten sie die Wohnung und deckten die Flecken der zerquetschten Wanzen zu. Ich sehe noch immer, wie in einer kleinen Stube, wo sieben Menschen hausten, sich das Portrait des alten Kaiser Wilhelms leise hin und her bewegte...so viele Wanzen krabbelten hinter dem Bild."

Es war Gründerzeit, es wurde überall gebaut, und es gab viele kahle Wände, die mit irgendetwas Buntem behangen werden sollten. Die Druckereien hatten Hochkonjunktur und Zille arbeitete schon als Lehrling bis zu 14 Stunden täglich. „Wenn schon nichts Richtiges zu Fressen auf dem Küchentisch stand, sollten wenigstens die Wände schön bunt sein." Zweimal in der Woche besucht Heinrich die Aktzeichenklasse bei Professor Domschke in der Königlichen Kunstschule. Domschke war Anatom, für seine Ehrlichkeit bekannt und gefürchtet. Er war sehr grob, aber seine Klasse war immer voll. Wenn ihm etwas nicht gefiel, pflegte er zu nuscheln „Wenn se nich mehr kenn, dann setzen se sich mit ihr Brett uff de Treppe und nehm se nich den anderen hoffnungsvollen Jünglingen, die bald nach Italien wollen, den Platz weg." Zum Aktzeichnen musste man sich hocharbeiten. Nicht jeder durfte daran teilnehmen. Die Genehmigung musste sich Zille vom Akademiefürsten Anton von Werner höchstpersönlich holen. Und weibliche Akte waren nur der Meisterklasse vorbehalten, zu der Zille noch nicht gehörte. In der Klasse, in der Heinrich seinen Zeichenstift spitzte, standen nur Männer Modell. Der bekannteste von ihnen war der Akademiediener Adolf. Da stand er nun, der schöne Adolf und präsentierte sich ohne alles. Das Gewicht korrekt auf Stand- und Spielbein verteilt, harrte er fas regungslos, bis alle Schüler ihr Werk abgegeben hatten. Er konnte die wildesten und interessantesten Geschichten erzählen. Langweilig war es mit ihm nie. Und Adolf war hilfsbereit wie kein Zweiter. Suchte ein Historienmaler eine alte Bibel – der schöne Adolf besorgte sie. Brauchte ein Malschüler ein weibliches

Aktmodell – der schöne Adolf kannte mit Sicherheit eine Adresse. Er besorgte Ziegen und Schweine für eine Bauernhofszene, Schlangen, Entfesselungskünstler und Akrobaten. Er verwandelte den Aktsaal in einen Strand mit Muscheln und aus Pappe gebastelter Meerestiere. Mitten drin der schöne Adolf selbst in kurzen Höschen und Sammetjacke. Zille erinnerte sich später: „Der Zulauf der jungen Künstler aus allen Ländern war groß. Da war gar strenges Arbeiten, aber auch viel Jubilieren, Lebensfreude und Jugendübermut in allen Unterrichtssälen." Den fleißigen Kunststudenten allerdings genügte der schöne Adolf nicht. Sie legten Geld zusammen und finanzierten sich heimlich weibliche Aktmodelle. Nach der Malstunde gingen sie oft ins „Waldschlösschen", kauften sich Wurst und Schrippen und tranken das Weißbier um die Wette.

Ein halbes Jahr später schrieb er sich in Theodor Hosemanns Zeichenklasse ein. In ihm hatte Heinrich sein Vorbild gefunden. Auch er kam aus ärmlichen Verhältnissen und hatte schon frühzeitig als Lithograph zum Lebensunterhalt der Familie beitragen müssen. Er war ein Mann mit Humor, der überall die Sonne sah, selbst wenn es in Strömen regnete. Seine gute Laune und Fröhlichkeit spiegelte sich auch n seinen Bildern wider. „Er hat auf mich den stärksten Einfluss ausgeübt. Er wurde zum Chronisten des Lebens der Arbeiter, Kleinbürger und Proletarier. Hosemann war nicht nur selbst ein guter Zeichner, sondern auch ein liebevoller Lehrer, der mehr mit Lob, als mit Tadel arbeitete. Er sagte oft zu mir: ‚Mein lieber Zille, ihre Zeichnung verrät Talent - und doch ist sie schlecht'. Erst verstand ich seine Worte nicht und blickte ihn erschrocken an. Dann stand er vor mir, die Hände in den Hosentaschen, blickte mich aus ruhigen

Augen an und meinte. ‚Sie sollten nicht soviel kopieren. Gehen Sie lieber auf die Straße raus, ins Freie und beobachten sie selbst. Das ist besser, als immer nur nachzumachen. Was sie auch werden, im Leben können sie es gebrauchen. Ohne zeichnen zu können, sollte kein denkender Mensch leben'. Dann legte er mir seine Hand auf die Schulter. Das Gespräch war beendet. Ich war verwirrt. Erst auf der Treppe begriff ich, was er mir damit hatte sagen wollte. Und auf dem Treppenabsatz drehte ich mich noch einmal um und dankte ihm." Diesen Ratschlag hat Zille sein ganzes Leben lang nicht vergessen und zu Hosemanns Ehren hing in Heinrich Arbeitszimmer eine Lithographie des Meisters, die ihm sein Lehrer höchstpersönlich geschenkt hatte. Zilles Atelier war stets die Straße, feuchte Kellerwohnungen, die Freibäder, Spielplätze, dunkle Kaschemmen und Hinterhöfe. Seine Modelle waren die Armen, die Zerlumpten, die Proletarier. Es waren die, die gerade aus dem Gefängnis gekommen waren, die Huren von der Straße und die Kinder ohne Schuhe, ohne Hemd, dreckigen Händen, aufgeschlagenen Knien und Rotznasen. Es waren die Verbrecher in den Kneipen, die Alkoholiker, die ihre Familien prügelten. Es waren die Ausgestoßenen der Gesellschaft, die Vergessenen der Großstadt, der „fünfte Stand", wie er sie nannte. Aber so einfach, wie es im Nachhinein erscheit, war es anfangs auch für ihn nicht gewesen. Auch Heinrich musste sich ihre Zuneigung und ihr Vertrauen erst erwerben. „Anfangs musste ick noch heimlich zeichnen. Hinter de Zeitung oder hinter dem Weißbierglas. Det is nun mal'n eigentümlichet Völkchen. Sie sind zu oft und von zu vielen anjeschmiert worden, als dasse gleich jeden mit offenen Armen aufnehmen. Aber bald wart jeschafft. Erst durfte ich Gauner-Karlchen malen, dann seinen Bruder, den dicken Walter. Die beeden waren richtig stolz uff meene Bildchen. Beim Lis'chen war det een bisschen anders. Als die inne Zeitung war, sprach se vier Wochen lang keen Wort mehr mit mir. Erst als ihr andere klar machten, das selbst der Kaiser nischt dajejen hat gezeichnet zu werden, sagte se wieder juten Tach."

Es war die Zeit der großen Arbeitslosigkeit, der schnellen Industrialisierung und Übervölkerung. Ein großer Teil der Bevölkerung war verarmt, wohnte in verdreckten Mietskasernen mit lichtlosen Hinterhöfen und Rattenbesuch. Trotz der Bismarckschen Reformen der Kranken-Unfall-Arbeitslosen- und Altersversicherung gab es kaum wirkliche Hilfe, von der die Armen profitierten. Kriminalität und Verwahrlosung nahmen zu, Bettelei, Kinderarbeit und Prostitution waren an der Tagesordnung. 1905 gab es Berlin rund 100 000 weibliche und 10 000 männliche Hausangestellte. Sie waren oft der Willkür ihrer Arbeitgeben ausgesetzt. Sie schliefen auf Hängeböden, in winzigen Abstellkammern, wurden von der Hausherrin gezüchtigt, vom Hausherrn oft sexuell ausgenutzt. Viele landeten auf dem Strich. Um 1900 herum gab es in Berlin rund 50 000 Huren, von denen gut die Hälfte zuvor Hausangestellte gewesen waren. Für Zille waren sie die Opfer der Umstände. Und in seinen Bildern drückt er immer wieder sein Mitgefühl aus. „Ja, Herr Doktor, horchen Se mir mal die Lunge, wie's da aussieht. Ick je alle Woche eenmal nach de Sitte; aba, det wolle Jott, det sich die Kieker ooch mal um die edleren Teile bemühen!"

Zille war ein fleißiger Zeichenschüler. Denn jede Stunde, die er beim Lernen verbrachte, hatte er sich mit mindestens der doppelten Anzahl Stunden schwerer Arbeit selbst verdienen müssen. Zeichnen war für Heinrich eine große Lust, und nie wurde er müde Vater, Mutter und die Schwester zu Papier zu bringen. Lithografen waren gefragte Leute. Sie wurden gut bezahlt, denn die Fabrikbesitzer machten gute Umsätze und Gewinne. Die Chefs warben sich gegenseitig die Fachkräfte ab, und so mancher Lithograf ließ sich wie Graf Koks mit der Droschke zur Arbeit fahren. Neben seiner Arbeit und den Zeichenstunden in der Akademie las Heinrich alles, was ihm vor die Nase kam. Heinrich Heine, Wilhelm Raabe, Honore de Balzac, dessen frivole Geschichten er später einmal illustrieren sollte. Und er schätzte den Berliner Dichter Adolf Glaßbrenner, den man später auch den Zille des Wortes nannte. Oft lag er bis spät in die Nacht hinein in seinem Bett und verschlang ein Buch nach dem anderen.

    Als Lehrling hatte Zille unter anderem die Aufgabe, die gedruckten Bilder zu den Kunden zu bringen. Jeden Mittwoch war Liefertag. Zu Fuß oder mit dem Fahrrad machte er sich auf den Weg quer durch die Stadt und lieferte die bunten Bildchen ab. „In den Wohnungen sah ich immer mehr Kriegsverletzte, die als Drehorgelspieler ihr Geld machten. Ich sah die Folgen und das Elend des Krieges und bekam immer mehr den Wunsch sie zu zeichnen." Doch Zilles eigene Kunst war nicht gefragt. Jedenfalls nicht während seiner Arbeitszeit. Er zeichnete Muster für Lampenschirme, entwarf Umrandungen für Urkunden und Geschäftsbriefe und illustrierte Modeblätter. „Es mussten immer nur hübsche tanzende Püppchen sein mit einem Sektglas in der Hand und hübschen Waden. Wir zeichneten Musterhefte von Messern mit Schildpatt- oder Horngriffen. Und es musste genau zu erkennen sein, was für ein Material es war. Solche Musterbücher wurden damals nicht gedruckt, sondern gezeichnet. Das Drucken war noch zu teuer. Vor allem die Klischees. Und die meisten Musterbücher wurden nur in ein paar Exemplaren für die Reisenden hergestellt. Aber alle halbe Jahre neu." Im Hause seiner Lehrfirma war das Balllokal „Orpheum", ein für arme Leute. „Zum Frühstück musste ich schon Bier für den Meister und für die Gesellen holen. Die Kellner wussten schon Bescheid. Betrunkene Männer und Weiber lagen auf den Plüschsofas herum und schliefen ihren Rausch auch, und andere spielten in den dunklen Nischen ihren Skat. Und einmal kam ich hinzu, wie die Kellner auf dem entblößten Hintern einer Frau Skat spielten."

Am 31. März beendete er die Lehre und bewarb sich bei der Firma Winckelmann, bei der er sich mehr Gehalt erhoffte. Doch schon beim Vorstellungsgespräch raunzte ihn sein zukünftiger Chef an: „Mein Jott, se können janischt, rein janischt." Ein schwerer Schlag für Zille, denn Wickelmann traf genau seinen empfindlichsten Punkt. Sein ganzes Leben lang litt Zille nämlich unter der Vorstellung, lediglich mittelmäßig zu sein. Ständig hatte er das Gefühl nichts zu können und ein ewiger Lehrling zu bleiben. Das Herr Winkelmann mit seinen Worten lediglich die Gehaltsforderung drücken wollte, daran dachte Zille keine einzige Sekunde.

Er arbeitete als Zinkograph, als Kupferätzer und Radierer. Das Erlernen der Technik und das tägliche Üben am Arbeitsplatz war die Voraussetzung für sein künstlerisches Schaffen. Zille wurde ein Meister des Weglassens, des sich Konzentrierens auf das Wesentliche. Wo er ging, saß oder stand, überall hatte er seinen Zeichenstift und ein Stück Papier dabei. Manchmal waren es lediglich ein paar Fahrscheine, die er sich aus dem Papierkorb an der Haltestelle gefischt hatte, und die er nun bemalte. Er konnte einfach nicht anders. Er lief den Männern, die auf dem Weg zur Volksküche waren hinterher und beobachtete jede Regung in ihren zerfurchten Gesichtern. Er verfolgt Frauen über die regennasse Straße und zeichnete, wie sie den langen Rock rafften, damit die Spitzen nicht nass wurden. Er schaute und beobachtete. Er hielt fest und zeichnete. Seine Augen waren überall, seinen Blicken entging nichts. Manchmal huschte er für ein paar Minuten in einen dreckigen Hausflur, um das Bild zu Papier zu bringen, das er gerade gesehen hatte. Oft waren es Kinder, die sein Interesse erweckten, und die er beim Spiel nicht stören wollte. Er lief gerne an der Fischerbrücke entlang und schaute den Hafenarbeitern bei der Arbeit zu. Dann setzte er sich auf ein Bierchen in die kleine Kneipe, deren Besitzer reich an Jahren war, und der seiner weitaus jüngeren Frau zuschaute wie sie die Gäste animierte. So manch einer von ihnen wusste am frühen Abend schon, dass er bei der jungen Frau im Bett landen würde. Und der Alte am Tresen freute sich, rieb sich die Hände über das gute Geschäft. Zille nannte diese Zeit, die Jahre des Forschens. Und wenn er auf seinen ausgetretenen Schuhen durch das Scheunenviertel wanderte, durch dunkle Torbögen, vorbei an verkrachte Existenzen, morschen Holzbaracken und den Menschen, die auf zerschlissen Pferdedecken schliefen, erregten diese Szenen nicht nur sein Interesse zum Zeichnen, sondern auch Mitleid mit den dort hausenden Menschen.

1877 wurde er Gehilfe bei der „Photografischen Gesellschaft„. Dort sollte er 30 Jahre seine Arbeit tun, nur unterbrochen durch die zweijährige Militärzeit. 1880 bekam Heinrich seinen Einberufungsbefehl. Er wurde Grenadier bei den „Leibern" , einem berühmten Regiment bei Frankfurt an der Oder. Hier gab es keine schwatzenden Waschfrauen vor der Kellertür, keine Kinder mit rotverschmierten Nasen, kein Gejauchze auf dem Rummelplatz und keine schimpfenden oder auf dem Bock schlafenden Droschkenkutscher. Dafür das Geschrei rotgesichtiger Unteroffiziere, die ihre Rekruten mit der Schnauze im Dreck sehen wollten. Der Drill war hart. Nicht gerade das, was Zille sich wünschte. Mach das Beste draus, dachte er immer wieder. Denn Ärger über Dinge, sie nicht zu ändern sind, kostet nur unnötige Kraft und Energie. So lag Heinrich manchmal im Dreck und beobachtete aus sandverschmierten Augen die Szenerie. Er prägte sich das Aussehen der verschmutzten Stiefel ein, die aufgerollten und an den Spitzen zerfledderten Schnürsenkel der Schuhe, das Fallen der Falten am Uniformrock. Beobachten ist besser als kopieren. Die Worte seines Lehrers Hosemann fielen ihm wieder ein. Zille freute sich. Und während der Spieß zum zehnten Mal über den Kasernenhof „Hoch und Runter" brüllte, entstanden bei Heinrich neue Bilder im Kopf. Er zeichnete die Lagepläne und Landkarten, die seine Vorgesetzten dann unter ihrem eigenen Namen an den Oberst weitergaben und das Lob dafür kassierten. Heinrich war es egal. Eine Hand wäscht die andere, war die Devise. Dafür, dass sie sich mit seinen Federn schmückten, verschonten sie ihn mit unliebsamen Arbeiten wie Latrinen putzen oder Nachtwachen.

Der einzige Lichtblick seiner Militärzeit war die Aussicht, danach seine Hulda heiraten zu können. Sie war die Cousine der Frau seines Kollegen Martin Langner, war erst 16 Jahre alt, aber ein „sooo hübsches Mädel", wie Heinrich jeden erzählte. Sie hatten sich auf einer Geburtstagsfeier kennen gelernt und waren schon bald ein Herz und eine Seele. Nachdem sie ein paar Mal ausgegangen waren, hatte sie ihm ein Bild von sich geschenkt. Das Foto hing mit Reißzwecken fest gemacht an der Tür seines Kasernenspinds. Jeden Morgen vor dem Zähneputzen lächelt er sie an. Auch abends vor dem Zubettgehen „wechselt" er noch ein paar Worte mir ihr. Erst dann konnte er einschlafen und von den Dingen träumen, die ihn später erwarten. Und war die Sehnsucht nach Hulda allzu schlimm, schrieb er ihr Briefe und legte kleine Zeichnungen dabei. Unter das Bild eines auf Wache stehenden Grenadiers schrieb er: „Steh ich in finstrer Mitternacht so einsam auf der fernen Wacht..." Heinrich ist ein gutaussehender schlanker junger Bursche. In seiner hellen Uniformhose und der dunkelblauen Jacke mit den blitzenden Knöpfen, in der einen Hand die Zigarette, in der anderen ein kleines Stöckchen, lässig an die Wand gelehnt mit skeptisch Blick, ist er das, wovon viele jungen Mädchen in Frankfurt und den umliegenden Dörfern träumen. Doch Heinrich hatte keine Augen für fremde Mädchen, er blieb seiner Hulda treu.

Das Militär gefiel ihm nicht. Ein Brief aus jener Zeit zeigt das sehr deutlich. „Wir wurden in Kompanien verteilt, kamen in die Stuben, die Wanzen lauerten schon auf uns. Es gab schlechtes Essen und in den Betten war Häcksel als Stroh, das so scharf war, dass es die Glieder durchstach. Dafür wurden wir täglich von einigen Offizieren mit einer Kloake von Kasernenhofblüten und Witzen besudelt. Die Rohheiten einzelner Unteroffiziere, denen ihre Dienstzeit nur die Vorübung und Lehre war, um später Beamte zu sein, wurden außerdem noch mit der Pensionsberechtigung belohnt."

Es war keine Zeit, an die er sich gerne zurück erinnerte. Er selbst schrieb 1929 in dem Buch „Für Alle":

„Wir sind in der Garnison Frankfurt a. d. Oder als zukünftige Vaterlandsverteidiger vom Oberst mit den Worten empfangen worden: ‚Na, da hätten wir ja alle Nordhafenlouis aus Berlin!' Derselbe Oberst, der mal gegen Abend an der Oderbrücke von einer Rotte junger Arbeiter von seinem Kampfross runtergeholt und ganz gründlich verhauen wurde und der dabei mit seiner tiefen Kommandostimme brüllte: ‚Wo sind denn meine Grenadiere!' Derselbe leutselige Oberst, der die Offiziere, Unteroffiziere und Rekrutengefreiten wiederholt eindringlich ermahnte: ‚Nur die Leute mit Worten erziehen, bei Androhung von Strafe: ‚Keinen Mann anfassen' Derselbe Oberst, der bei der Spindrevision, auf das Bild meiner Liebsten, das auf der inneren Seite der Tür befestigt war, zeigen durfte mit der höhnischen Frage: ‚Ihre Sau?"

Nach der Grundausbildung wurde Zille Vertrauensmann seines Kompanieführers. Leutnant von Ledebour hatte in einer nahegelegenen Kirche das Wappen seiner Familie entdeckt. Er ließ es von Zille in allen Einzelheiten abmalen. „Wenn ich nun in der Kirche arbeitete - an dem Wappen - bis zur Dämmerung, stand immer eine andere von den vielen Pastorentöchtern an der Kirchentür. Papa lässt bitten zum Kaffee. Der Pastor rauchte seine lange Pfeife, die Töchter strickten oder machten die damals so beliebten Spritzmalereien. Ich saß dazwischen. Nicht als Kommiß, sondern ich gehörte dazu. So lernte ich auch die Seite des Lebens kennen".

Eine unangenehme Erfahrung war seine Abkommandierung zur Bewachung der Gefangenen im Zuchthaus Sonneburg. „Da jingen denn die armen Menschen, die Köppe kahl geschoren, die Hände gekreuzt auf den Rücken, in der Sonnenglut spazieren." Eines Tages meldete sich die Prinzessin an.

Auguste Victoria, Frau des Kronprinzen und späteren Kaisers Wilhelm II, legte, aus Schlesien kommend, eine Teepause in Frankfurt/Oder ein. Als der kaiserliche Hofzug um 13.51 Uhr auf dem Frankfurter Bahnhof einlief, stand das Leibregiment gestriegelt und geschniegelt auf dem Bahnhof zum Empfang bereit. Soldaten in Einheitsgröße, glatt rasiert, mit tadellos gebügelten Uniformen erwarteten die hohe Dame. Der Premierleutnant der Ehrenwache bekam eine halbe Stunde vor der Ankunft der Prinzessin Gesichtszuckungen. Der Sekundeleutnant, ein Mann ohne Stern auf den Achselstücken, musste für ihn einspringen. Der Zug hält mit quietschenden Rädern, die Prinzessin entsteigt dem Salonwagen, begleitet von ihren Hofdamen und Gefolge. Sie lächelt. Die Jungs in ihren Uniformen stehen stramm. Die Musik spielt einen Begrüßungsmarsch. Unbeweglich die Gesichter der Grenadiere. Man hat ihnen eingeschärft, sich auf gar keinen Fall die Aufregung anmerken zu lassen. Doch was oben herum in den Gesichtern sich verbergen lässt, ist untenherum nicht so einfach einzuhalten. Während die Honorationen Höflichkeiten austauschen, kommen die ersten Gewehre der Männer ins Schwanken und stehen schräg. Einige der Soldaten hatten aus Freude oder vor Aufregung, der genaue Grund war nie zu klären, einen über den Durst getrunken. So spielte das vegetative Nervensystem dem einen und dem anderen einen Streich. Blasen entleerten sich ungewollt. Und die hohe Dame musste mehrmals ihren Rock raffen und mit großen Schritten die sich bildenden Rinnsale überqueren. Mit unbeweglichem Gesicht und einer Teetasse in der Hand.

Zille erinnerte sich später noch oft an seine Manöverzeit in Angermünde, wo er sechs Jahre später noch einmal als Reservist Dienst tun musste. „Da hauste ich bei Mutter Samin in einem kleinen leeren Raum. Bloß ein Strohsack als Bett und 'ne Kiste als Stuhl. Vater Samin, der ein Pferdchen und'n Wagen hatte, machte Fuhren in die Stadt. Die Familie stammte aus Frankreich, aber von Kultur war nichts zu merken. Ich musste morgens dem Wachhund draußen seinen Freßnapf wegnehmen und ihn ausspülen, um mich waschen zu können. Mutter Samin meinte es immer gut mit mir. Sie gab mir Milch und auch sonst mal'n Happen."

Am 15. Dezember 1883 feiern Hulda und Heinrich Hochzeit. Die Jungvermählten beziehen ihre erste eigene Wohnung im Rummelsburger Kiez (Grenzweg). Zwei winzige Zimmer im Keller, ein kleines Fenster, wenig Licht, aber alles liebevoll eingerichtet. Darauf war Zille besonders stolz. Wollte er doch seiner Familie, für die er jetzt sorgen musste, nicht die gleiche Armut bieten, die er selbst als Kind kennen gelernt hatte. Knapp ein Jahr später kommt Margarete auf die Welt. In ihren Memoiren erinnert sich seine Tochter: „Es gibt eine vergilbte Fotografie. Man sieht darauf ein junges Paar zum Aufnehmen besonders in Positur gesetzt. Das waren die Eltern der Brautleute. Vater liebte ja das Schönmachen nicht. Faxen sagte er dazu. Hier aber hat er gute Miene zum bösen Spiel gemacht - seiner Hulda wegen. In Hemdärmeln und Filzpantinen fühlte sich Vater immer am wohlsten." Die Hochzeitsfeier fand im engsten Kreise in der Wohnung von Huldas Mutter in Fürstenwalde an der Spree statt. Auguste Frieske hatte sich alle nur erdenkliche Mühe gegeben. Sie hatte Braten in der Röhre, dunkle kräftige Sauce dazu und Kartoffeln. Danach gab es Apfelmus mit Zimt. Als die Brautmutter den Wein auf den Tisch stellte, erhob sich

Heinrich und hielt eine kurze Rede. „Es ist heute ein schöner und guter Tag für mich. In meinem bisherigen Leben hat es nicht viele Stunden gegeben, da mir die Sonne schien. Das ist nun endgültig vorbei, denn ich habe jetzt meine Hulda. Und wenn es auch mal stürmt, wir beide werden es schon schaffen, werden zusammen das Leben meistern." Ein paar Wochen später packt auch Auguste Frieske ihre wenigen Habseligkeiten zusammen, um zu Tochter und Schwiegersohn nach Berlin zu ziehen. Sie möchte den Rest ihres Lebens in der Nähe von Tochter und Schwiegersohn verbringen. Zille war ein ewig Suchender, der jedoch nie das findet, wonach er Ausschau hält. Stets hat er das Gefühl noch weit von dem entfernt zu sein, was er wirklich will. Er sah sich nie als fertig oder gar perfekt. Ganz im Gegenteil. Sein Leben lang wundert er sich darüber, dass es Leute gibt, die ihn als großen Künstler sehen und Geld für seine Bilder ausgeben. Und je mehr sie dafür bezahlten, desto kräftiger schüttelte er den Kopf. Auch nach der Hochzeit setzte er sich weiterhin zweimal wöchentlich in die Abendaktklasse und zeichnete männliche Modelle. Nackte weibliche Modelle waren nach wie vor als unsittlich verboten. Erlaubt war lediglich eine entblößte Brust.

Zilles erste Arbeit, die er stolz seiner Frau Hulda und seinen Freunden zeigte, war ein Motiv aus dem Arbeiterleben. Eine schwangere Frau, die eine Milchkanne trägt und ein älteres Paar und eine Dirne mit Federboa und Schleierhut. Ein Motiv, dass er zufällig auf der Straße gesehen hatte. „Es gibt sehr viele, die sich vor einer Sache hinstellen und sie mühselig abmalen. Das Volk lässt sich das aber nicht immer gefallen. Ich mache mir bloß Notizen und sage euch ,ihr müsst euch die Erinnerung ins Auge klemmen und Zuhause weiterarbeiten'" erklärte er später seinen Schülern.

Zille ist oft mit Adolph von Menzel verglichen worden. Sie hatten die gleichen Vorlieben für Skizzen, und auch Menzel malte neben Königs- und Kaiserhaus das Volk auf der Straße. Zille bewunderte ihn zwar als großen Künstler, doch als Menschen mochte er ihn nicht. „Der war doch eitel wie ein verzognet jroßes Kind. Der schnauzte die Leute an, wenn se nich Exzellenz zu ihm sachten. Wieviel armen Künstlern hätte der mit seinem vielen Jeld helfen können - aber der wusste ja von de Umwelt nischt - der duldete doch keen lebendiges Wesen in seiner Nähe, - nee - 'n juter Charakter war det nich."

Um Heinrich Zille ranken sich viele Anekdoten. Er war nicht nur ein Meister mit dem Zeichenstift, er war auch ein Meister des Wortes. Selten erlebte man ihn sprachlos. Und eine seiner bewundernswertesten Eigenschaften war, immer das letzte Wort zu haben. Als ein völlig unbekannter, aber von sich sehr eingenommener junger Maler zu Zille kam und ihn mit Herr Kollege anredete, fragte Vater Zille zurück: „Wat denn, wat denn, leiden Se ooch so unter Sodbrennen?"

Einer glühenden Verehrerin schrieb er ins Poesiealbum:

„Frohe Arbeit - ernster Wille!
Mal 'n Schluck in de Destille!
Und een bißken kille kille -
Gruß von Vater Zille-

Zille zeichnete seine Figuren wie sie waren. Ohne Schnörkel, ohne Maske, ohne kosmetische Verschönerungen. Sie wurden in den Lustigen Blättern, im Simplicissimus und im Ulk abgedruckt. Es kam ihm nicht auf das Honorar an, denn er verdiente als Lithograph recht gut, um sich und seine Familie zu ernähren. Er wollte seinen Mitmenschen zeigen, was er jeden Tag sah, und vor dem sie, seiner Meinung nach, täglich die Augen verschlossen. Er wusste, dass es schwer war, die Menschen in einer Zeit, die voller Sorgen und Nöten war, mit ernsthaften Dingen zu begeistern. Deshalb versuchte er es mit Witz und Charme. Man sollte schmunzeln, doch den Ernst der Situation dabei nicht übersehen.

Sein Herz schlug links, doch Mitglied einer politischen Partei war er nie. Als die KP ihn vor ihren Karren spannen wollte, ließ er sie mit den Worten abblitzen „Ich helfe gerne, aber direkt. Ich schiebe das Brot oder die Wurst lieber selbst in hungrige Münder, und zwar gleich und ohne Umweg." Liebermann nannte ihn zeitlebens einen wahrheitsliebenden Künstler, der sich für die Abschaffung der sozialen Ungerechtigkeiten einsetzte. Er war es auch, der Zille immer wieder ermunterte seine Zeichnungen zu veröffentlichen. So kam es 1901 zur ersten Ausstellung. Zille ist 43 Jahre alt. „Ja, ich erinnere mich. Als ich zum ersten Mal auf Drängen meiner Freunde Zeichnungen hingegeben hatte, die besser waren als die, die ich zum Broterwerb malte. Sie zeigten das herbe Leben der Armen. Da standen vor den Bildern viele Leute und ich lauschte, wie ein älterer Herr zu seiner Dame sagte, Der Kerl nimmt einem ja die ganze Lebensfreude' da schämte ich mich, so verstanden worden zu sein. Ich kann es nicht verstehen, dass die Verantwortlichen von der Not der Jugend nicht genauso ergriffen sind wie wir. Sie könnten helfen, wenn sie wollten, aber sie wollen nicht. Wir können nichts weiter tun, als immer und immer wieder mahnend und beschwörend die Hände zu erheben. Doch mir scheint, das ist nicht genug, was wir tun, nicht genug! Solange die Arbeiter für ein paar Bettelpfennige zu schuften gezwungen sind, solange wird's denen da oben auch immer gut gehen."

Ende 1890 zog die Familie in die Türschmidtstraße. Während Zille seine bunten Bilder zeichnete, richtete Hulda mit Fleiß und Liebe die neue Wohnung ein. Am 9. Januar 1891 kam Walter auf die Welt. Heinrich war ein pünktlicher Mensch. Deshalb war Hulda auch sehr beunruhigt, als Heinrich eines Tages nicht von der Arbeit nach Hause kam. Unruhig lief Hulda den Flur auf und ab. Sie wickelte den Topf mit Kartoffeln in Handtücher ein und stellte ihn zum Warmhalten unter die Bettdecke. Sie machte sich Sorgen. Margareta erinnert sich in ihrem Buch: Es war ein Abend im August des Jahres 1892. Längst hätte unser Vater Zuhause sein müssen. Immer wieder lief Mutter zur Korridortür, wenn sie Schritte auf der Treppe hörte. Wir Kinder wurden ins Bett gebracht. Hans und Walter schliefen gleich ein; ich aber lag noch lange wach und hörte Mutter hin und her laufen. Dann wurde die Tür aufgeschlossen. Gott sei Dank, dass du da bist, hörte ich Mutter sagen. Ich bin in Charlottenburg gewesen, am 1. September ziehen wir um. Ich habe mir da eine Wohnung angesehen: drei Zimmer im vierten Stock, in der Sophie-Charlotten-Straße 88. Das ist dann auch der letzte Umzug, dass verspreche ich dir Mutter." Und Zille hat sein Versprechen gehalten. Mehr als 35 Jahre wird er in seiner Wohnung in Charlottenburg leben. Bald kannte ihn jeder. Man zog den Hut vor ihm und sprach ihn auf der Straße an, wollte Ratschläge hören oder einfach nur ein wenig mit dem Meister plaudern. Als sein Freund Adolf Heilborn ihm eine Karte mit der Adresse - Malermeister Heinrich Zille, Schlorrendorf - schrieb, kam diese prompt zwei Tage später an.

Zille liebte seine Wohnung mit dem Blick auf den kargen Sandboden, den großen Platz, um Wäsche aufzuhängen, die nur wenige Meter entfernt stehenden Kiefern. Er genoss den Ausblick über den Lietzensee auf die in weiter Ferne liegende Villenkolonie in Grunewald. Ein Reporter des Acht-Uhr-Blatt schrieb am 24. Januar 1914:

....Zille, liest man in großen Buchstaben an der Eingangstür seiner Wohnung., nachdem man die atemberaubende Höhe des vierten Stockwerks erklommen hat. Ein dunkler Gang gähnt dem Besucher entgegen. Dann erscheint Heinrich Zille sein bartumrahmtes Gesicht mit den gutmütig dreinschauenden Augen, die so gar nichts von der Wildheit jener nördlichen und östlichen Gesellen haben, die sein Stift mit Vorliebe entwirft. Nur seine äußere Erscheinung hat sich im Laufe der Jahre dieser Umgebung nicht angepasst. Er trägt einen abgeschabten dunklen Rock, und Kragen und Schlips sind bei der Arbeit nur lästig. Er protestiert gegen das Anständige. Auch die Ölmalerei Ist ihm aus diesem Grunde verhasst. Umso mehr Überrascht das kleinbürgerlich-altmodische eingerichtete Zimmer: Möbel aus den achtziger Jahren, Vertiko, Sekretär, Kommode überladen mit Krimskrams, Muscheln, Döschen, Büchsen, Nippesfiguren, über die eine Bronze-Plastik hängt, Zille selbst darstellend."

Sonntags zog er mit seinen Söhnen und Freund August Gaul in die Natur. Im Wald bei Finkenkrug hinter Spandau suchten sie nach Schmetterlingen und Insekten. Im sumpfigen Gelände bei Berlin hauste allerlei seltenes Getier. Eine wahre Fundgrube für Hobbybotaniker. Das Spiel der Natur faszinierte ihn. Zille war ein Sammler. Alles was er an wissenschaftlichen Berichten in Zeitungen, Zeitschriften und Büchern fand, schnitt er sorgsam aus und archivierte es auf seine Weise. Das heißt, er stapelte alles übereinander.

Was anderen Leuten ihr Garten, war für Heinrich der Balkon. Außer seinen geliebten Spatzen, die er jeden Morgen begrüßte, pflanzte er eigene Petersilie, Pfefferminze, säte Vergissmeinicht, Tulüen und Sonnenblumen. Er legte wenig Wert auf Äußerlichkeiten. Meist trug er denselben grauen Anzug, an dem auch schon mal ein Knopf fehlte, ohne dass sich Heinrich daran störte. Im Gegensatz zu anderen Malern besaß er auch kein Atelier, sondern malte abwechselnd im Wohn- und im Schlafzimmer. Er hasste freie Flächen an seinen Wänden und überall hingen Bilder, Plakate oder kleine Tellerchen herum. Mit Reißzwecken angeheftete Ufa-Kinoplakate über einen Vogelbaur. Selbst die Türen blieben davon nicht verschont „Überall muss wat ruffjestellt sein, sonst isset nich jemütlich", pflegte Pinselheinrich seinen Besuchern zu erklären. In den Regalen kleine Äffchen aus Gips neben niedlichen Hühnern aus Ton, kleine Talismane zwischen Mozart- und Beethovenbüste. An den Wänden Fotos, bei denen man rätselt, ob sie festgeklebt oder genagelt sind. Und dann der Balkon, von ihm Sibirien genannt, denn dort war es kühl und dorthin wurde alles verbannt, was nirgendwo anders Platz fand. Und wenn er etwas suchte, dauerte es selten länger als ein paar Minuten bis Zille das Gesuchte in Händen hielt.

Alles was ein Mensch im Leben durchmachen kann, geschah in diesen Zimmern. Der Aufstieg zum Professor, die Ablehnung der Reichen, Enttäuschung, Ratlosigkeit und Kummer. Hier lachte er mit seinen Freunden Liebermann und Krauß, sang er mit Clairchen Waldoff Berliner Lieder und diskutierte nächtelang mit Walter Kollo und Hermann Frey. Hier spielte er mit seinen Kindern, hörte sich ihre Sorgen und Nöte an und lachte mit ihnen. Hier war er traurig, hier lachte er und hier weinte er auch um seine Hulda.

Als Musikfreund freute er sich auf den wöchentlichen Musikabend im Landhaus von Dr. Lautenschläger. Man hörte Haydn, Mozart, Beethoven und weniger bekannte Künstler, rauchte Zigarren, trank Wein und philosophierte sich durch das Leben. Zilles direkte Art, sein Humor und sein Verständnis waren der Anlass für immer neue Einladungen. Und als ihm ein Wein besonders gut geschmeckt hatte, schickte ihm der Hausherr am nächsten Tag eine ganze Kiste davon nach Haus. Aber Zille war eigen. So volkstümlich er auch war, so nahm er doch ungern Geschenke an. Nachdem er die Kiste mit dem köstlichen Wein ausgepackt hatte, suchte er eine Zeichnung heraus und schickte sie Dr. Lautenschläger als Gegengeschenk zurück.

Die Kinder fanden es aufregend im vierten Stock zu wohnen und durch das Treppenhaus zu turnen. Sie hüpften die Stufen einzeln runter, spielten Fangen und Verstecken im Hof und schossen mit Windeseile bäuchlings das Treppengeländer hinunter. Und wenn die Kinder auf der Straße spielten und zum Essen nach oben kommen sollten, hatte sich Heinrich etwas Besonderes ausgedacht. Hulda oder er ließen ein großes Stück Papier an einer Strippe zum Fenster hinausflattern. Wenn eines der Kinder nun die Fahne sah, wussten sie, das Essen dampfte im Kochtopf.

Heinrich Zille war ein guter Vater, wie sich die Kinder erinnerten. Er war ihnen Freund und Lehrer gleichermaßen. Er verfügte über eine gute Allgemeinbildung, die er an Grete, Hans und weitergab. Sonntag war Familientag. Heinrich widmete sich ausschließlich seinen Kindern. Mutter Hulda schmierte Stullen, die in festes Papier gewickelt wurden, dann zogen die Zilles in die verschiedenen Museen. Er zeigte und erklärte ihnen die Bilder in der Nationalgalerie und dem Alten Museum. Sie besuchten das Postmuseum, das Naturkundemuseum mit seinen versteinerten Fossilien und das Museum für Meereskunde. Oder aber sie gingen in die Urania in der Taubenstraße und lauschten den Vorträgen aus Wissenschaft und Kunst. Der Vortrag über den Durchbruch des St. Gotthard nach Italien, ist der Grete ihr ganzes Leben lang in Erinnerung geblieben. Und an Sonntagen, die schon früh am Morgen mit Sonnenschein begannen, zog Heinrich seinen Kindern mit den Worten: „Uffjestanden Kinda. Heute jeht ab ins Jrüne„ die Bettdecke weg. Dann wanderten sie über die Heide, durch den Wald und über die Äcker. Vater Zille erklärte seinen Kindern unermüdlich die Natur. Sie lernten Roggen von Weizen zu unterscheiden, zerrieben sich Gerstenkörner zwischen den Händen und aßen wild wachsenden Sauerampfer auf den mitgebrachten Stullen. Von Kind an lernten sie die Eichen, Kiefern, Tannen, Lärchen und andere Bäume zu unterschieden. Heinrich erklärte die Jahresringe an den Stämmen und in der Stille des Waldes lauschten sie dem Gesang von Amsel, Drossel, Fink und Star. Die Natur sei euer Lehrer, sagte er den Kindern. Sie ist niemals hässlich. Euer ganzer Ehrgeiz ist, ihr treu zu bleiben. Der Tierpark war Heinrichs kleines Heiligtum. Er liebte die Tiere und spazierte gerne durch den Park. Er beobachtete die Affen, wie sie fast menschlich reagierten, wenn er Männekens machte. Er liebte die Elefanten, die sich groß und kräftig hin und her wiegten. Aber seine besondere Liebe galt den Vögeln. Hier konnte er wie angewachsen vor der Voliere stehen und schauen. Dann huschte sein Zeichenstift über das Blatt Papier und hielt alle Einzelheiten fest. Aus einem der zahlreichen Zoobesuche ist folgende Anekdote überliefert: Ein Unteroffizier in schicker Uniform marschierte mit einigen Rekruten den Weg entlang und blieb vor dem Käfig mit dem Schild Königstiger stehen. Der Tiger war aber vor einiger Zeit schon gestorben und man hatte das Schild nicht ausgewechselt, weil in einigen Wochen ein neues Tier aus Indien kommen sollte. Für diese Zeit hatte man einem Löwen in den leeren Käfig gesperrt. Die Erklärung, die der Offizier seinen Untergebenen gab, ist von Vater Zille höchst persönlich überliefert: „Dies hier Leute, ist ein Königstiger. Eigentlich sieht er ja aus wie ein Löwe, aber es ist ein Tiger, da es hier dransteht." Für Zille war das der beste Beweis für Dummheit und Hörigkeit. Deshalb versuchte er seinen eigenen Kindern auch immer wieder klar zu machen, dass sie sich mit eigenen Ohren und Augen von den Dingen überzeugen und nicht nur Nachplappern sollen, was andere ihnen vorsagen oder vorschreiben. Dazu gehörte auch eine gute Allgemeinbildung. „Vor allem lernt, lernt! Was man gelernt hat, was man weiß, das kann einem kein Mensch mehr wegnehmen. Eine gute, gediegene Ausbildung ist mehr Wert als alles Geld dieser Welt, denn das kann verdammt flüchtig sein."

„Meine liebe Enkelin Anneliese!

Nun bist Du im Rat der Erwachsenen aufgenommen. Die Kinderschule ist erledigt. Du hattest das große Glück, im Elternhaus und in der Schule von Deinem Vater betreut und belehrt worden zu werden. Deine Dich behütende liebe Mutter führte Dich so erst spielend und dann praktisch in die Geheimnisse des Haushalts ein...und nun, da Du ein körperlich und

geistig kräftiges Jungfrauchen geworden...Du stehst auf starken Füßen...nun sagst Du: Ich will mich betätigen, ich will meinem Geist Arbeit geben, ich will lernen! Recht, kleine Anneliese! Sie herzlich gegrüßt von Deinem alten Großvater, und alles, alles Gute auf Deinem Lebenswege.
Dein Großvater Heinrich Zille

Auf seinem Balkon im vierten Stock waren es die Spatzen, die ihm besonders ans Herz gewachsen waren. Er nannte sie die Proletarier unter den Vögeln. Er redete mit ihnen, hörte ihrem Piepen zu, beobachtete und fütterte sie. Hier, auf seiner kleinen Einöde, verbrachte Pinselheinrich viele Stunden der Muße. Doch manchmal tat er auch zuviel des Guten. „Ich fütterte sie gerne und sah ihnen zu, wie ihre kleinen Schnäbel nach den weichen, in Wasser aufgeweichten, Schrippen schnappten und sich die Bäuche vollschlugen. Und so manch einer war so schwer geworden, dass er sich kaum noch über das Geländer zum Abflug erheben konnte." Im Wohnzimmer standen zwei Bauer mit Tigerfinken und Sittichen. Oft beobachtete er die Vögel und schnalzte ihnen solange etwas vor, bis sie antworteten. Oder er sprach mit ihnen, nannte sie Mauseken und streichelte mit einem Blattstengel ihre Bäuche. Und wenn er morgens in Filzlatschen, Unterhemd und Schlafhose auf den Balkon hinaustritt, kommen alle Spatzen der Umgebung im Sturzflug angeflogen. Dann gibt es Körner aus kleinen Schalen und Brotkrumen. Wenn sie satt waren, fühlt auch Zille sich wohl. Und besonders im Winter, wenn alle Pfützen auf den Straßen zugefroren waren, labten sich die Kleinen an dem frischen Wasser aus Zilles Küchenhahn. Bis alle Vögel ihr Frühstück gepickt haben, ist meist eine volle Stunde vergangen. In dieser Stunde beobachtet auch das bunte Treiben auf der Straße. Er bemerkt mit Wehmut, dass immer weniger Pferde werden, die durch die Straßen laufen. Sogar der Bestatter ist schon auf Motorbetrieb umgestiegen. Der Einzige, der noch mit seiner Lotte durch die Gegend zieht, ist Karlchen, der Kohlenmann. Aber Lotte und er sind ooch schon recht betagt..Wer weiß, wie lange sie es noch machen? Zille verteilt die letzten aufgeweichten Brotkrumen, dann geht er ins Zimmer zurück. Es ist Sonntagmorgen. Es ist still. Kein Laut ist von draußen zu hören. Auch in der Wohnung ist es leise. Mit gemächlichen Schritten geht er zum Schreibtisch, setzt sich auf den alten Holzstuhl und blättert in seinen Skizzen herum. Er fängt an zu zeichnen. Unter das Bild vom Wurstmaxen mit den Kindern schreibt er:„Reißt die Neesenlöcher nich so weit uff! Ihr zieht mir den janzen Duft von die Wurscht weg!" Auf den ersten Blick ein Bild zum Schmunzeln...auf dem zweiten Blick allerdings ist die Armut zu erkennen, denn außer „an'e Wurscht riechen" gibt es für die Kinder nichts. Dann die dunkle Zeichnung mit dem Titel: „Festtag bei Stübbecke". Ein Mann in Hosenträgern, Schnauzbart und Mütze liegt auf dem Sofa. Um ihn herum ein Haufen Gören. Zille schreibt drunter: „Kinder, heute is Vaterns Jeburtstag; da wer 'k euch mal 'ne Extrafreude machen!„ „Au ja Vater, aber janz wat Feinet. Wat is et nu?„ „Wißt ihr wat? Heute könnter mal'n janzen Tag zu Vatern Ochse sagen, ohne det er euch verhauen tut."

Und unter das Bild eines Hinterhofgespräches schreibt er: „Mein Bräutigam will nich, det ick immer mir und mich verwechsle!" „Na, da würde ick mir nich mit quälen. Da jibt's een janz einfaches Mittel, wo keener merkt, ob man falsch oder richtig spricht! Man sagt nich mehr mir oder mich. Man sagt janz einfach:

ma! Zum Beispiel: Ick hab ma jesetzt. Da weeß keener, ob ick mir oder mich jesetzt habe. Denn ma is imma richtig!"

Zille legt Papier und Bleistift zur Seite und versucht sich an den gestrigen Abend zu erinnern. Die Ammenmilch, ein Gebräu aus verschiedenen Alkoholika, war reihum gegangen und hatte die Erinnerung etwas verwischt. Langsam dämmert es ihm wieder. Er war durch die Hinterhöfe gezogen. Vorbei an der stinkenden Käsefabrik gleich im Hof neben der Karnickelställen und der Ziegendeckstation. Laute Musik dröhnte aus dem Tanzsaal vom vierten Hof, wo die fünf Marmeladeneimer standen, die als Toiletten dienten. Tippelfrieda und Blechmaxe umarmen ihn. Sie haben letzten Monat geheiratet, und Heinrich hat ihnen zum Ehrentag das Essen spendiert. Das werden die beiden ihm nie vergessen. Auf der selbstgebauten Bank, zwei Stühle mit einem Plättbrett drüber, sitzt Mutta Heinze mit der Tochter Frieda, einem hübschen Ding von neunzehn Jahren. Ede und Pflaumenaujust kieken sich die Oojen um die Wette aus' n Kopp. Aber keiner traut sich Frieda aufs Parkett zu schleppen. Dann kommt einer im dunklen Anzug. Nicht mehr ganz neu, aber erst zweimal am Hosenboden geflickt. Er strahlt Frieda an. Die strahlt zurück. Das ihr zwei Vorderzähne fehlen, ist im Dunkeln nicht zu sehen. Der Typ mit dem runden schwarzen Hut, und dem Ringelpullover macht mit seiner Quetschkommode Musik. Nicht ganz richtig, aber dafür laut. Am Bierausschank kloppen sich drei Männer. Warum? Keiner weiß es. Nicht einmal sie selbst. Hier braucht man keinen Grund für eine Auseinandersetzung. Frieda ist später mit dem Typen im Anzug weggegangen. Wohin? Keiner fragt danach. Und Zille hat, nachdem er Bier und Ammenmilch stark zugesprochen hatte, noch ein paar Skizzen gemacht. Von den Übriggebliebenen der Nacht. Von denen, die auf der Suche nach dem Glück, nicht am Alkohol vorbeigekommen waren. Während Zille die Eindrücke der Nacht verarbeitet, fangen die Vögel mit ihrem Konzert an. Ja, seine Vögel, wenn er die nicht hätte...? Sie bemutterte und umsorgte er. Und waren sie krank, ging es ihm ebenfalls nicht gut.

Brief an Käthe Grell: Nun komme ich als Hilfesuchender. Sie schrieben mir einmal, in der Vogelnot mir helfen zu wollen – jetzt bin ich soweit. Vom Tigerpärchen ist das Weibchen beim Eierlegen gestorben, seit einer Woche ist's Männchen allein – können sie mir ein Weibchen beschaffen? Ein paar Tage später der nächste Brief: Es will wohl das Männchen das Weibchen nicht gleich anerkennen – er jagt sie – sie muß unten wohnen."

Einige Monate drauf: Muß sie wieder um ihre Hilfe bitten. Mein Tigermannchen ist am 8. August (1928) früh um 5 Uhr gestorben. Nun ist das Frauchen (zwei Eier gelegt, sie ist doch ein Weibchen) traurig und ruft: können Sie ein Männchen bringen? Schönen Gruß Ihnen, ihren Gatten und ihrer Vogelwelt.

Erste Erfolge

Professor Dr. Adolf Behne nannte ihn den einzigen unakademischen Zeichner dieser Zeit: „Heinrich Zille ist weder der erste Künstler, der aus dem Proletariat gekommen ist. Aber durch ihn stellt sich zum ersten mal das Proletariat selbst dar. Denn Heinrich Zille hat sich nicht vom Proleten zum Künstler entwickelt, sondern der Proletarier ist schöpferisch geworden und Proletarier geblieben„

Als das Jahrhundert wechselte und Berlin mit Krach und bunten Feuerwerk den Beginn des 20. Jahrhundert feierte, herrschte im Hause Zille Besinnlichkeit. Der Meister wollte die letzten Stunden des Jahres nutzen, um auf das Zurückliegende zu blicken. Hulda hatte Punsch gekocht. Nelkenduft zog sich durch die gute Stube. Hulda, Heinrich und die drei Kinder saßen um den Tisch herum und ließen sich den Silvesterkarpfen schmecken. Die Piepmätze im Baur trillerten und hüpften vergnügt auf den Stangen herum. Pumpelmeier, der grüne Sittich, war außer Rand und Band. Als Heinrich ihm ein paar zusätzliche Körnchen von der Hand picken ließ, legte Pumpelmeier sein Köpfchen zur Seite und schaute Heinrich aus kleinen Knopfaugen an, als verstünde er das Besondere dieser Situation. Schlag zwölf läutet die Wohnzimmeruhr das neue Jahrhundert ein. Heinrich erhebt sich von seinem Stuhle, greift nach dem Weinglas und wünscht seinen Lieben alles Gute für das kommende Jahr. Für ihn selbst sollte 1901 das Jahr der ersten großen Erfolge werden.

Als sich ein paar junge Künstler nach dem Munch Skandal zur Berliner Secession zusammenfanden, war Zille dabei. Sie kämpften gegen die etablierte Kunst und wollten sie von muffigen Meinungen befreien. Liebermann, Corinth, Leistikow, Baluschek, Käthe Kollwitz, Max Slevogt und Zille widersetzten sich Anton von Werner, dem Direktor der Hochschule der Künste und dem heimlichen Kunstherrscher Preußens, der außer seiner eigenen Kunstrichtung kaum etwas anderes gelten ließ. Auch Kaiser Wilhelm II war ein Gegner des Modernen in der Kunst. 1894 verließ er unter Protest die erste öffentliche Aufführung des sozialkritischen Gerhart-Hauptmann-Stückes „Die Weber" und kündigte die Kaiserloge im Deutschen Theater. Er mochte weder die Impressionisten, noch die opponierenden Naturalisten mit ihren Darstellungen der Alltagswelt. Zilles Zeichnungen waren für ihn Rinnsteinkunst, auf die man verzichten konnte. Eine besonders amüsante Geschichte ist deshalb das Entstehen der Skulptur des Ritters Wedigo. Kaiser Wilhelm finanzierte aus seiner Privatschatulle 32 Denkmäler auf der Siegesallee. August Kraus wurde damit beauftragt, den Ritter Wedigo von Plotho in Stein zu hauen. Da Kraus nicht wusste, wie der Ritter ausgesehen hatte, bat er seinen Freund Heinrich, ihm Modell zu stehen. So ritt der Kaiser bei jeder Kutschfahrt über die Siegesallee ahnungslos an Zille vorbei.

In einem Brief an den Kunsthistoriker Frikomar Dörfler in Radebeul schrieb Zille: „Bin nicht Meister, immer noch Lehrling. Je älter ich werde, desto mehr sehe ich, wie anders es ist...und kann es doch nicht nach Wunsch fassen. Habe die Entschuldigung: Die Augen sehen es, nur die Finger sind ungelenk. Dann kommt hinzu, die Verleger wollen es sauber haben. Meine ersten Sachen, als ich noch in der Fabrik und noch nicht Künstler war, sind besser, nur für mich gemacht." Doch steter Tropfen höhlt den Stein. In der Kantstraße, direkt neben dem Theater des Westens, stellte er 1901 zum ersten Mal seine Zeichnungen aus. Gleich links und rechts am Eingang hängen die Zilles. Kaum jemand beachtet seine Bilder. Die Besucher kamen, um die großen Namen zu bewundern. In den ersten Tagen stand Heinrich am Rande und beobachtete die wenigen Menschen, die sich für seine Werke interessierten. Viele schimpften, einige drehten sich angewidert weg und eilten in den zweiten Raum.

Nur weg von den Zilles, weg von den Zeichnungen, die ihnen die Lebensfreude nahmen. „Ja, ich erinnere mich: Als ich zum ersten mal, auf Drängen meiner Freunde, in der ersten Schwarz-Weiß-Ausstellung der Secession meine Zeichnungen zeigte - Zeichnungen, die viel besser waren als die, die ich später zum Broterwerb geleckter, frisierter bringen musste - die das herbe Leben der Armen zeigten..."

Doch nach kurzer Zeit war er der Liebling des Publikums. Aus Heinrich Zille wurde „Pinselheinrich". Sogar die Kritiker lobten ihn. „So befriedigt ein witziger Kopf wie Zille, dessen Hand, mag sie nun Griffel führen oder farbige Pointen setzen, ziemlich roh dahinfährt, die Neugierde nach dem Dasein vorstädtischer Dirnen, Tingel-Tangel-Lustbarkeiten und Sonntagsscherbeleien. Er ist einer, der restlos alles sagt, was er sagen kann. Seine soziale Empörung schimmert durch."

Aus dem Autodidakten Zille war ein ernst zu nehmender Künstler geworden. Doch seine Bescheidenheit verlor er dabei nie. So fragte er oft seine Freunde, wie viel Geld er denn für eine Zeichnung nehmen könne. Denn er selbst hätte sie am liebsten verschenkt. Als ein bekannter Komponist ein Portrait von einer mit ihm befreundeten Revuetänzerin bestellte, war Zille mal wieder ratlos. Er fragte seinen Freund Hermann Frey: „Kann man tausend Mark verlangen?" Frey verdrehte die Augen: „Mensch Heinrich, wat heißt denn tausend Mark. Fünftausend musste verlangen." Zille blickte Hermann verständnislos an. „Biste denn verrückt? Det zahlt der doch nie."

Frey, ein Mann der Tat, klemmte sich Zilles Bild unter den Arm und brachte es dem Komponisten. Zwei Stunden später legte er seinem erstaunten Freund die fünftausend Märker auf den Tisch. Zilles einziger

Kommentar: „Unglaublich! Wat die Leute für son Jekritzel für Jeld rausschmeißen."

Auch als Filmleute kamen, um die Rechte an seinen Werken zu erwerben, war er fassungslos, als ihm der Filmproduzent 3000 Mark Honorar anbot. Zille sagte zu und der Mann guckte erstaunt aus der Wäsche, weil Zille nicht mehr Geld haben wollte, sondern meinte: „Kommen sie denn da überhaupt noch zurecht? Sie müssen doch noch die Schauspieler bezahlen...die Dekorationen und das Ganze Drum und Dran." Der geschäftstüchtige Direktor begriff sofort: „...na ja, sagen wir 2000 Mark." Eine halbe Stunde später verließ der Filmmann Zilles Wohnung mit einem unterschriebenen Vertrag über 1000 Mark. Zille hatte seine eigene Kunst so mies gemacht, dass der Herr Direktor die gebotene Summe noch einmal um die Hälfte kürzte. Erst als Zilles Freund Hyan mit dem Vertrag bei der Filmfirma erschien und mit der Faust auf den Tisch schlug, wurde die Summe wieder auf 3000 erhöht.

Trotz der Zurückhaltung der etablierten Berliner Kunstwelt wurden die ersten Zeichnungen in Zeitungen und Witzblätter abgedruckt. „Nach und nach lernten die Leute mich verstehen. Im Osten und Norden Berlins verstanden sie mich gleich." Der bürgerliche Westen bespöttelte ihn noch lange Zeit. Für Heinrich Zille war immer klar, dass Traurigkeit und Verzagen der Weiterentwicklung im Leben nur schadet. So lehrte er auch seinen Kindern von klein auf: „Dasein ist Kampf. Und im Kampf liegt die ständige Weiterentwicklung allen Lebens und aller Fähigkeiten. Die Selbstzufriedenen werden träge, stellen sich auf einen Sockel und glauben auf der obersten Sprosse des Lebens angelangt zu sein. Sie werden schnell fallen und sie werden tief fallen."

Grete erinnert sich: „Das Ansehen, das Vater nun in größerem Maße genoß, hatte ihn nicht gewandelt, hatte seinem mangelndem Selbstvertrauen keinen Auftrieb gegeben". Doch hatte sein Erfolg wenigstens eine äußerliche Veränderung in seinem Leben bewirkt: Im Kreis der Secessionisten fand er Achtung und Anerkennung. „Die Secession hielt zu mir, obwohl ich angeblich Berlin verunglimpfte. Aber dann ging es wie immer. Es bildeten sich Gruppen. Der Neid erwachte. Wenn vier zusammen saßen, sprachen sie über einen fünften. Und wenn der Vierte ging, klatschten die drei anderen neidisch über ihn."

Heinrich hasste den Müßiggang. Stillsitzen und die Zeit an sich vorbei ziehen zu lassen, war für ihn Trödelei. Tagsüber zeichnete er für Geld in der Photographischen Gesellschaft, in seiner Freizeit, hielt er mit dem Zeichenstift das fest, was seine Augen sahen und seine Seele fühlte. Es entstanden Bilder des Herzens, des Mitgefühls und der Sorge um andere und um das Morgen. Er wollte zeigen, wie die kleine Welt um ihn herum aussah. Und er hoffte, auf seine Art etwas verändern zu können. An seinem siebzigsten Geburtstag sagte er: „Früher habe ich nur an die anderen gedacht. Heute denke ich auch mal ein bisschen an mich." Die handwerkliche Arbeit in der Firma nannte er Broterwerb, alles andere waren für ihn die „eigenen" Arbeiten. „Ja, wenn ich meine eigene Arbeit für mich nicht gehabt hätte...dann hätte ich es wohl kaum ausgehalten, jahrelang in der Tretmühle. Aber wenn ich morgens so'n bisschen nach der Natur gezeichnet hatte, dann hatte ich Ruhe für die Brotarbeit. Ich musste erst ein Bild für mich gemacht haben, ehe ich an die Arbeit ging. Und abends? Ja, da konnte es wohl vorkommen, dass ich bis vier in der Nacht arbeitete...bis der Hahn krähte...Das ist alles nur mit Gewalt gemacht. Nur mit Gewalt! Weil ich es gewollt habe. Weil ich mich immerzu gezwungen, immerzu geübt habe. Weil ich jedes kleine Ding beobachtete und abzeichnete. Jeden alten Latschen. Jeden krumm getretenen Stiefel. Jede alte Gosse. Jede Küchenecke. Jeden Straßenwinkel. Das habe ich alles nur mit Gewalt erzielt. Nur mit Fleiß. Und immer wieder mit Gewalt. Sonst schafft man es nicht. Das ist nicht Begabung. Das ist nur Wollen. Ich wollte eben auch was für mich machen. Ich wollte nicht immer in der Werkstatt bloß an einer Sache ein bisschen rumarbeiten. Da fragten mich die Herren von der Photographischen Gesellschaft, warum ich denn jeden Morgen schon zeichne...so'n bisschen nach der Natur...und abends auch noch oft bis in die Nacht. Das hätte ich doch nicht nötig. Ich hätte doch mein Brot. Ja, ich wollte doch auch was für mich machen. Was Ganzes wollte ich machen, aus mir heraus. So wie ich die Welt und die Menschen sah. Ich sah sie doch ganz anders als die anderen. Und das musste ich eben machen..."

Zilles Kneipen

Was er sah, musste er zeigen. Auf diese Weise entstanden tausende von Zeichnungen aus dem Berliner Alltag. Die Menschen sollten alles, was auch er sah. Mit seinen Augen sollten sie durch die Welt gehen und das Elend erkennen, dass um sie herum stattfand. Er wollte ihnen die Mütter vor Augen halten, die sich darum sorgten, wie sie ihre Kinder satt bekämen. Sie sollten sehen, wie Männer ihre Frauen und Kinder prügelten und am Suff verreckten. Er wollte ihnen die Augen für die Kinder öffnen, die für all das Elend nichts konnten und trotzdem darin leben mussten. Er zeichnete stundenlang und vergaß die Welt. Ihn interessierten weniger die fein gemachten, frisch frisierten Damen in ihren schicken Kleidern und Kostümen, auch nicht die Herren in Frack und Zylinder, und die sauberen Kindern im Matrosenanzug, Kleidchen und Schleife im Haar. Es waren viel mehr die rotzende Nasen, aufgeschlagene Knie und Ellenbogen, verweinte Augen und krumme Beene, die seinen Stift über das Papier huschen ließ. So entstanden Zeichnungen aus dem Kiez, aus seinem Milljöh. Dreckige Hinterhöfe mit voll gestopften Mülltonnen, Fassaden an denen der Putz abbröckelte, schiefe, ausgetretene Kellertreppen, die ins Elend führten. Es entstanden Zeichnungen, auf denen die Männer in den Kneipen sagten: „..da reden die Leute immer wat von Alkohol - wat brauchen wir'n Alkohol, wenn wir Schnaps haben!" Nasse Kellerwohnungen, an denen Tapete und Farben von den feuchten Wänden fielen und ein Kind das andere fragte: „Von wat issen die Ratte jestorben?" „Unsere Kellerwohnung is zu naß!" Oder achtjährige Kinder, die feststellen: „Det mit den Lungenzug haste fein raus, warste aber ooch schon mal richtig besoffen?" Stammtischgespräch in der Kaschemme: „Warum heirateste nich de Liese, Paule? Se kocht dir, se wäscht dir - und wenn de besoffen bist, weeßte wo de hinjehörst!." Oder das Gespräch von Ede und Karle: „Wat suchste denn da in de Zeitung?" Karle: „De Recensjon von mein letzten Einbruch."

Zille selbst verkehrte in unzähligen Kneipen, und es ging das Gerücht in Berlin herum, es gäbe keinen, der mehr Kaschemmen kenne als er. Heinrich war Meister darin, das Wesentliche vom Unwesentlichen mit wenigen Strichen zu unterscheiden. Besonders gut gefiel es ihm im Lindengarten vom alten Päkelmann in der Köpenicker Straße 39a. Carl und seine Frau Helene, zwei lebenslustige Berliner, servierten das beste Weißbier der Stadt direkt am Ufer der Spree. Wann auch immer Heinrich sich auf den Weg machte, vergaß er nie ein Bierchen bei den Päkelmännern zu trinken. Die Typen, die er mit seinem Zeichenstift festhielt, saßen hier zu Dutzenden herum. Biertrinkende Kerle, strickende Mammis und mit Eierpampe werfende Kinder. Päkelmann war aber nicht nur Kneipier, sondern auch Hotelier auf Rügen und Erfinder. Um seinen Gästen die blank geputzesten Schuhe der Insel vor die Hotelzimmertür zu stellen, entwickelte er eine Schuhcreme aus Fischtran. Die Schuhwichse wurde der Renner. Nun wollte Päkelmann auch in Berlin das große Geschäft machen. Eine Idee hatte er schon. Das Bild des Kaisers mit gezwirbeltem Bart sollte vom Deckel der Dose lachen. Zille bekam den Auftrag zum Malen. Der Kaiser wurde nicht gefragt und die Schuhcreme ein großer Erfolg. Und noch eine Geschichte entstand bei Päkelmann. Zille und sein Freund Frey, der pfiffige Schlagertexter, saßen beim Bierchen im Lindengarten, als ein riesiger Käse über die Straße in das Lokal gerollt wurde. Alles staunte und lachte. Päkelmann hatte einen Käse mit zwei Meter Durchmesser per Bahn aus der Schweiz kommen lassen. Doch wie sollte der Käse vom Bahnhof in den Lindengarten kommen. Zweimal fiel der Leiterwagen mit dem schweren Käse um. Also rollte man ihn per Hand vom Bahnhof in die Köpenicker Straße. Worauf Frey noch in der gleichen Nacht den Erfolgsschlager (Musik von Walter Kollo) schrieb: Wer hat denn den Käse zum Bahnhof gerollt.

    Zille war ein Mensch, der sich amüsieren wollte. Oder musste? Nur Elend um ihn herum war nicht gut für die Seele, mag er gedacht haben. So machte er im

Mai des Jahres 1906 mit seinen Freunden August Kraus, August Gaul und dem Arzt Dr. Lautenschläger ein paar Tage Urlaub in Gauls Heimat in Süddeutschland. Auf einer Ansichtskarte, die das Hotel zum Riesen zeigt, teilte Zille seiner Familie mit: „Nach prächtiger Mainfahrt gut angekommen. Hier wohnen wir". Doch schon nach wenigen Tagen plagte ihn das Heimweh. Er vermisste seine Lieben, seine fettgefressenen Spatzen auf dem Balkon, seinen Pumpelmeier, die Menschen auf der Straße...er vermisste sein Milljöh. Und als er wieder in Berlin war, meinte er, es wäre wunderschön gewesen, aber bei Euch is et besser.

Pinselheinrich entdeckte sein Berlin immer wieder neu. Den Fischerkiez, die kleinen Kneipen an der Spree, das holprige Kopfsteinpflaster in den engen Gassen. Er beobachtete die Menschen im Krögel, Mütter in dreckigen Schürzen, Kinder in schmuddligen Buddelkästen. Er lief stundenlang über die Rummelplätze, die wie Pilze aus den Boden schossen und oftmals das einzige Vergnügen waren, dass sich die armen Leute gönnen konnten. Die Alten standen vor der Würfelbude und träumten von besseren Zeiten. Die jungen hingegen hofften auf eine bessere Zukunft. Schiefe Buden, dicke Männer, Frauen ohne Unterleib mit großen Busen zogen ihn magisch an. Und dann die Kinder, die nichts besseres wussten, als sich den ganzen Tag zwischen den Buden herumzutreiben und auf ein Bonbon zu hofften. In einem Berliner Tingeltangel-Couplet aus dieser Zeit heißt es: Da draußen auf der Vogelwiese steht ein Caroussell,da reiten die Mädchen so fröhlich und schnell,den Unterrock zerrissen und im Strumpf ein großes Loch, zu Hause nichts zu essen, aber reiten tun sie doch. Als Treffpunkt von jung und alt geschätzt, war der Rummelplatz das

Zuhause all derer, die vom Leben nicht gerade das Beste zu erwarten hatten. Was Zille bei seinen Rummelspaziergängen zeichnete und fotografierte, hatte 150 Jahre zuvor am Spandauer Tore begonnen. Der Heydemannische Garten, wo Handwerker und Bürger sich zu allerlei Lustbarkeiten trafen, war um 1740 in Berlin die Vergnügungsstätte schlechthin. Es gab Kegelspiele, Luftschaukeln und Karrussels, Pferde und ein Fortunaspiel mit neun Löchern. Man trank Weißbier aus großen Gläsern, aß am Spieß gebratenes Fleisch mit Kohl und Salat. Auf Zilles Rummelplatzzeichnungen, kommt der Humor natürlich nie zu kurz. So lässt er den Feuerfresser sagen: „Ein Hundeleben! Seit drei Tagen habe ich noch nichts Warmes über den Mund gebracht." Oder die starke Wally, die behauptete: „Ich bin die schöne Wally, zu Zürich in die Schweiz geboren. Schon mit 7 Jahren verlor ich mein Vata. Ich wieche 867 Pfund. So eben wird ein Kavalier auf meinen Busen streichen. Aber nur anständlich, meine Herren - nur anständlich!"

Er zeichnete die Halbstarken, die ihre Zeit auf dem Rummelplatz verbrachten, die Arbeitslosen, die auf Kisten zwischen den Buden ihren Skat kloppten, und die Alkoholiker, die außer ihrem Stoff kein Vergnügen hatten. Er trieb sich in den engen Gassen im Kiez herum, und fand dort neue Freunde. Mit ihnen trank und lachte er. Er interessierte sich für ihre Sorgen, half, wo er konnte und schlichtete so manchen Streit. Er zeichnete die käuflichen Damen unter den Laternen, lud sie auf ein Glas in eine der unzähligen Eckkneipen ein und erfuhr mehr aus ihrem Leben, als es je ein anderer hörte. Zille war nicht nur der Beobachter mit Bleistift und Zeichenblock, er war in erster Linie ein Mitfühlender und Vertrauter. Ihre Sorgen wurden die seinen. Ihre Tränen machten auch ihn nass.

Egal, wo er war, ob im abbruchschäbigen Hinterhaus, an den Mülltonnen des dritten Hinterhofes oder in der schäbigen Spelunke an der Ecke, immer wieder fielen ihm die Worte seines Lehrers Hosemann ein: „Gehen Sie auf die Straße, ins Freie, beobachten Sie selbst, das ist besser als nachmachen!" So kommt er oft mit voll gestopften Hosentaschen voller Zettel und Notizen nach Hause, setzt sich an den Schreibtisch und arbeitet das aus, was er skizzenhaft mitgebracht hatte. Bezeichnend für Zilles mitfühlende Art ist folgende Geschichte. Eines Tages lernte er eine ärmliche Familie aus dem Berliner Norden kennen. Der Mann lud ihn zu sich nach Hause ein. Eine blakende Petroleumlampe spendete kärgliches Licht. Zille setzte sich an den hölzernen Küchentisch, sah auf den abbröckelnden Putz an Wänden und Decke. Feuchtigkeit zieht ihre Spuren quer durch die Wohnung, Tapeten verlieren ihren Halt. Der Mann ohne Arbeit, die Frau lungenkrank. Die vier Kinder spielen im Nebenzimmer und husten. Das sind die Szenen, die Zille an die Nieren gehen, an denen er wütend wird auf die, die sich ein Automobil nach dem anderen vor die Villa stellen, während der „fünfte Stand" sich das Blut aus den Lungen kotzt. Seine Hände malen, seine Seele ist wütend und Tränen verdüstern ihm den Blick. Bewegt verlässt er die Küche. „Kinder, Sonnabend komme ick wieder, da mal ick euch beim Essen. Zur Belohnung könnt ihr euch wat Feinet in de Pfanne hauen. Det bezahle ick als Modelljeld." Da leuchten die Augen und strahlen: „Dufte, Heinrich, denn jibt's Pellkartoffeln und 'nen Hering!" Und was Heinrich verspricht, das hält er auch. Obwohl ihm am nächsten Sonnabend selbst der Husten quälte, stand er pünktlich bei seiner Familie vor der Tür. Die Pellkatoffeln duften schon durch das ganze Haus, und auf jedem Teller liegt ein Hering mit Kopf und Schwanz. Das Armeleute-Essen wurde an diesem Tage zu einem Festmahl.

Er hat sich schwer getan, das Elend lustig zu verkaufen. Aber, so sagte er, wer schaut sich in solch einer Zeit schon wat Ernstes an. Da war zum Beispiel die Hure, die von Polizisten weggeführt wird und ihren Hintern zeigt. Sie erregte das Missfallen auf der Titelseite eines Buches mit 100 Berliner Bildern. Die nächsten Ausgaben lockten daher mit einem Luden auf dem Titelbild den Käufer an. Aber es hatte sich herumgesprochen, was sich zwischen den Buchdeckeln verbarg und 48 000 Bücher wurden verkauft. Im Vorwort heißt es: Seine Zeichnungen verlangen alle ein ernsthaftes Nachdenken, um aus unserer Welt eine bessere Welt zu machen, als sie zur Zeit ist."

Zille war selbst einer von denen, die er zeichnete, weil er zu ihnen gehörte. Im Äußeren genau wie in seinem Innersten. Landstreicher, Nutten, Gefängnisszenen, Hinterhoffeste, dicke Frauen mit noch dickeren Busen, feuchte Kellerwohnungen, Freibäder und Kinder, das waren seine täglichen Motive. Besonders Kinder zogen ihn immer wieder magisch an. „Da ist dieses wunderbare Menschenmaterial. Alles, wirklich alles kann aus ihnen werden. Gesunde, glückliche, kräftige Menschen. Aber Armut und Elend, schlechte Wohnungen, Laster, Alkohol machen das daraus, was ich euch jetzt zeige. All diese Großen, die ihr hier bei mir seht, sie waren einmal ebenso wie diese Kinder..."

Zilles Stift konnte mit wenigen aber exakten Strichen das zu Papier bringen, was dem Betrachter seiner Bilder nicht nur ins Auge, sondern ins Herz sprang. Dazu gehörte nicht nur Talent, sondern sehr viel Übung. Und Zille war ein Mann der Tat, der jeden Augenblick seines Lebens nutzte, um zu lernen und zu üben. Sein Freund, der Maler Otto Nagel, wusste noch Jahre später zu berichten, wie Zille hinter Frauen auf der Straße hinterher gegangen war, um ihren Gang, das Fallen der Rockfalten und das Wiegen der Hüften zu beobachten. Wenn er alles fest im Kopf hatte, bog er in den nächsten Hausflur ein und skizzierte das Gesehene. Vater Zille, wie ihn die Berliner in liebevoll nannten, war sehr sparsam. So benutzte er jedes noch so kleine Stück Papier, um sich Notizen zu machen. Und auch die Geschichte von Zille und den Briefumschlägen zeugt von seiner ausgesprochenen Sparsamkeit. Heinrich hatte nämlich die Angewohnheit, die gebrauchten Briefumschläge, in denen er seine Post bekam, fein säuberlich zu wenden und noch einmal zu benutzen. Er selbst erklärte es damit, dass es doch pure Verschwendung wäre, so schöne Umschläge nur einmal zu verwenden. Es war aber auch die Ehrfurcht vor allem Handgemachten, dass nicht schon nach einmaligem Gebrauch zum Wegwerfen bestimmt war. Der Abgeordnete Waldeck-Manasse, ein Empfänger eines solchen gewendeten Umschlages, ist sichtlich pikiert. Ein paar Tage später quält sich der Politiker die 99 Stufen zu Zilles Wohnung hinauf. Schnaufend steht er vor der Tür, schnappt nach Luft und pocht fordernd gegen das Holz. Als Heinrich öffnet, deutet der Abgeordnete einen Diener an und fragt, ob er Herrn Zille sprechen könne. Heinrich nickt, bittet ihn in das Wohnzimmer. Beide nehmen an den mit Zeichnungen überfüllten Tisch Platz. Nach einigen Minuten der Konservation, zieht Waldeck-Manasse ein kleines Paket aus der Tasche und überreicht es Zille mit den Worten: „Für Sie Meister." Heinrich greift nach dem Päckchen, wiegt es ein paar Mal in den Händen hin und her, dann zupft er die losen Enden der Schnur auseinander. 50 weiße, nagelneue Briefumschläge strahlen ihn an. Des Meisters Finger rücken die Nickelbrille auf die Spitze der Nase. „Vielen Dank! Aber deshalb kriegen Sie von mir doch weiterhin die gewendeten Umschläge."

Auf den ersten Blick betrachtet, war Heinrich Zille ein Mann von lautem Humor. Wo er war, stand er schnell im Mittelpunkt und mit den Worten...ach, da fällt mir noch wat ein...erzählte er stundenlang Geschichten, die er täglich erlebte. Aber wer genau zuhörte, der spürte die feinen Töne, die leise Stimme, die mehr Trauer über das Gesehene ausdrückte, als es eine tränenreiche Schilderung hätte tun können. Zille löste Gefühle aus, und keiner konnte sich seinem Charme, seiner Direktheit und seiner Milde entziehen. Zille wusste, das seine Zeichnungen nicht dass waren, was die Leute sehen wollten. „Sie wollten eben nich imma an det Elend erinnert werde", sagte er oft und zeichnete unbeirrt weiter. „Wer über meine Witze lacht, hat se nich verstanden", klagte er oft. Erst unschuldige Kinder rühren das Herz der Mächtigen, das wusste er, und so er zeichnete sie, die Kinder der Straße. Wer konnte schon lachen, wenn sie sagen ‚wenn ick will, kann ick Blut in Sand spucken'. Oder die Kleenen mit de von de englischen Krankheit jebojnen Beene, die lustvoll am Bonbon lutschen. Wer wird nicht stumm und nachdenklich, wenn er ein Kind zu einem anderen sagen hört: „De olle Schulzen sacht, mit de Zuckerschnur uffhängen iss'n süßer Tod." Ein Sozialbeamter kommt in die Stube, wo die kranke Oma neben der kranken Mutter im Bett liegt und sechs Kinder herumhopsen und sagt: „Na so schlimm ist's ja wohl nich, da sind ja noch die Joldfische." Welch Schmerz ist in dem Bild zu sehen, wo eine Hure zum Arzt kommt und sagt: „Ick muss inne Bars so lausig ville saufen, Herr Doktor. Horchen se doch mal uff de Lunge, det Herz und de Nieren - weiter nischt - det andere wurde ja schon von kleen uff 'n Alex nachjeschmökert - wollte Jott, sie täten och mal an die anderen Orjane denken."

In seinem Buch „Rund ums Freibad„ schrieb er:„ Nun haben wir seit 1907 in ganz Deutschland das Heilmittel: das Freibad. Sonne, Luft, Wasser, duftende Wiesen und Wälder geben nach der schweren Arbeitswoche den Menschen körperliche und seelische Kräfte. Freilich, leider, in der Großstadt sind noch aber Tausende, die sich den 'Naturarzt' nicht leisten können. Armut, zu viele Kinder, die Eisenbahn zu teuer für die, die weite Wege körperlich nicht aushalten können. Vergraben in licht- und luftarme Hofwohnungen der gräulichen Mietskasernen, ewig dunkle Mauerschächte, angefüllt von Koch- und Müllkastendünsten. Auf dem Gras der Anlagen dürfen sich Kinder nicht tummeln, erlaubt ist, hinter dem Wassersprengwagen herzulaufen - es gibt Plantschwiesen, aber die Wege sind weit für kleine Kinder. Die Hälfte der Kinder kennt keinen Sonnenaufgang, keinen Sonnenuntergang, hat keinen Singvogel singen gehört, kein fließendes Wasser, keinen Frosch, keine Schnecke gesehen" Und auf einem der Bilder steht er selbst in einer dunklen übergroßen Badehose auf dem Holzsteg, zeigt mit ausgestreckten Arm ins Wasser hinein und sagt: „So ist's richtig, Kinder-ins Freie-in die Weite, in die Gefahren- in der Badewanne lernt ihr nicht schwimmen!"

1910 wird Heinrich auf einem Schlag bekannt. Er gewinnt bei der Berliner Illustrierten einen Preis: 3000 Mark. Er hatte eine umgestürzte Droschke gezeichnet.

Was nun geschah, war ihm peinlich. Man kannte ihn. Überall wo er auftauchte, starrte man ihn an, wollte mit ihm reden und bat um Autogramme. Sein Portrait auf der Titelseite hat ihn zu einem bekannten Mann gemacht. 34 Berliner Droschkenkutscher behaupteten, sie wären derjenigen gewesen, die zu seinem Ruhm beigetragen haben. So ging die Hälfte des Honorars, als Zwanzigmarkscheine in Briefe verpackt, an die Kutscher zurück. Ja, so war Zille! Und einen besonders rührenden Brief eines Kutschers hat Heinrich aufbewahrt.

Geehrter maler zille,

jestern hat ick ein fuhre nach Schalotenburg raus und da lest mein fargast die illutsrirte zeitung in waagen liegen. Ick lehse sonz kene zeitung aber weil ik jrahde lange weile hate kuke ik mal rein und ik denk mir Laust der Afe is de janze geschichte von damals drin wo meine lise damals in die Schossestrasse das dume luder mir gefalen is, ik habe damals vil erger wegen diese Jeschichte jehabt weil der Olle mihr doch 12 m für die Kapputje deikzel abgezogen hat: nu haben sie ihre 3000 m for det bild jekricht. Ik jenne se ihnen ja fon herzen. Se werden se auch brauchen wen sie och uf das bild forne janz Begitert aussehn. Aber nu hochgeerter Herr Maler Zille, denken se och en bisken an Mihr, ick ferdine es nich so leichde wie sie. Jehn tut et mihr ja aber nich jut. Also wie wär es mit so 20 mchen. Ick will sie dafor och jerne bei meine bekante emfäln, wenn mal eener was zu mahlen hat. Also machen sie mihr die freude, es grist sie mit hochatungsvol August Brose, Droschkenkutscher Ackerstraße 22 Hi. 4 tr.

Wer von den 34 Droschkenkutschern nun der richtige war, ist nie geklärt worden. Aber alle kamen auf ihre Kosten. Und gerne erzählte Zille auch die

Geschichte von dem gestürzten Gaul in der Malplaquetstraße. „Berliner hatten schon immer eine Vorliebe für ausgefallene Straßennamen, die auch unaussprechlich waren. Eines Tages bin ich durch die bewusste Straße gelaufen, als ich sah, wie ein Pferd zu Boden fiel. Ein Wachtmeister, der gerade seines Weges kam und den Vorfall aufnehmen musste, blickte sich verzweifelt um. Dieser fremdländische Name war ihm noch nie untergekommen. Aber pfiffig wie Berliner nun mal sind, schleifte der Beamte det Pferd zusammen mit dem Besitzer eene Ecke weiter: Seestraße. Nun hatte er et einfach, den Namen ins Protokoll zu schreiben."

Man musste Zille nur lange genug reden lassen, dann erfuhr man die unglaublichsten Geschichten. Geschichten zum Nachdenken, zum Weinen, aber auch zum Lachen. So wie diese: Auf dem Spittelmarkt gab es zur Zeit des Dreißigjährigen Krieges mal einen Pestfriedhof. Als nun in den siebziger Jahren die Kanalisation eingeführt wurde und man die dicken Rohre unterirdisch verlegte, kamen jede Menge Gerippe ans Tageslicht. Zille sah oft, wie Arbeiter die Knochen aus der Erde zogen und in große Tüten verstauten. Eines Tages griff er sich einen gut erhaltenen Unterkiefer und nahm ihn mit nach Hause. Als sein Freund, Dr. Heilborn, eines Tages zu Besuch kam und den Unterkiefer auf der Kommode liegen sah, war er mehr als erstaunt. „Sach mal Zille, wo hastn det her? Der letzte linke Backenzahn sieht so eigenartig aus. Janz anders, als ick det mal im Anatomieunterricht jelernt hab", murmelte Heilborn und drehte den Kiefer immer wieder vor und zurück. Zille grinste und ließ seinen Freund eine Weile zappeln. Dann gestand er ihm: „Die Zähne waren janz schön locker. Da hab ick se selbst neu einjeklebt. Und dabei is mir der Backenzahn verrutscht."

Wollte sich Heinrich ausruhen, legte er sich nicht aufs Sofa oder ins Bett. Er sondern spazierte durch die Stadt. Gerne lief er am Rathaus vorbei, durch die Spandauer Straße, wo er an der Ecke oft stehen blieb und das Treiben auf der Straße und in den Hauseingängen beobachtete. Durch die runden, oftmals verschmutzten Brillengläser, schaute er den Kindern beim Spielen zu, hörte ungeduldige Frauen keifen und Männer lauthals ihren Frust durch die Straßen und Treppenhäuser brüllen. Er machte Halt vor dem Haus, indem einst Lessing wohnte und blieb vor der Apotheke „Zum weißen Schwan" stehen, in der Fontane seine Lehrzeit absolvierte. Er lief durch die Breite Straße, wo das Spießrutenlaufen seinen Ursprung hatte und versetzt sich 300 Jahre in der Zeit zurück. Ein des Diebstahls überführter Soldat wird über Cöllns breiteste Straße geführt. Seine Strafe: Spießrutenlaufen. 300 Soldaten, 150 Mann auf jeder Seite, bildeten eine schmale Gasse. Mit einer in Salz getauchten Weiden- oder Birkenrute schlugen sie auf den Verurteilten ein, der an den Händen gefesselt, mehrmals die Gasse durchlaufen musste. Nicht selten endete diese Prozedur im bereit gestellten Sarg.

Heinrich ist still geworden. Er mag keine Gewalt. Die von damals nicht, und die von heute auch nicht. Aber er ist Realist genug, um zu wissen, dass es Wunschdenken wäre, nur das Gute im Menschen zu sehen. Er braucht die Augen nur weit genug zu öffnen, dann sieht er genug Unheil und Elend um sich herum. Zille seufzt, bleibt einen Augenblick stehen und schaut hinüber zur Jungfernbrücke. Lang ist es her, dass er als zehnjähriger Fremdenführer die Geschichte dieser Brücke erzählt hatte. 1798 wurde sie als eiserne Zugbrücke über den Kupfergraben gebaut. Ganz in der Nähe wohnte der reiche Junggeselle Caspar Balthasar. Er lebte fromm und gottesfürchtig, bis der französische Goldschmied Renaud mit seinen Töchtern Louise und Eugenie in sein Haus zogen. Louise liebte zwar den Gesellen Gustav, doch auch dem alten Balthasar machte sie hübsche Augen. Diese Spiel ging lange Zeit. Eines abends stritt sie mit ihrem Liebsten, der sie mitten auf der Brücke stehen ließ. Der alte Balthasar war Zeuge dieses Streits und sah seine Stunde nun gekommen. Er machte Louise einen Antrag...doch sie wies ihn kalt zurück. Balthasar war außer sich, griff das Mädchen, würgte es und schmiss die Widerspenstige kurzerhand über das Geländer in den Kupfergraben. In diesem Augenblick kam ein Blinder vorbei und fragte, was denn gerade ins Wasser geplumpst sei. „Ein Mauerstein hat sich gelöst und ist ins Wasser gefallen."

„Aha„ sagte der Blinde, wünschte eine gute Nacht und tastete sich über die Brücke hin zu seinem Haus. Zwei Tage später findet man die Wasserleiche, und der Verdacht fällt auf Gustav. Er beteuerte seine Unschuld, doch niemand glaubte ihm. Am Schluss der Gerichtsverhandlung wurden noch einmal alle Nachbarn gehört. Und als Balthasar vor den Schranken des Gerichts sagte. „Ich weiß gar nichts, überhaupt nicht... ich..." Weiter kam er nicht, denn eine Stimme aus dem Zuschauersaal rief aufgeregt: „Ich weiß, dass du der Mörder dieser Jungfer bist. Ich erkenne dich an deiner Stimme wieder..." Es war der Blinde, der aufgesprungen war und mit seinem Stock in Richtung des Mörders wies. Der fromme Balthasar wurde daraufhin zum Tode verurteilt.

Heinrich zieht den dunklen Mantel fest zusammen und geht in Richtung Molkenmarkt. Hier, im Hause Nummer vier, spielte sich eine der ungewöhnlichsten Geschichten des alten Berlins ab. Wir schreiben den 30. September 1701. Es ist ein trüber Abend. Dunkle Wolken ziehen drohend von der Oder her über die Stadt, Regen fällt, wie aus Eimer geschüttet und verwandelt die Straßen in ein riesiges Moorfeld. Der Nachtwächter schlürft über den dunklen Platz. Kalter Wind rüttelt an den Fensterläden der Zorn'schen Apotheke am Molkenmarkt Nummer 4. Im Hinterzimmer, erhellt vom Licht dreier Kerzen, beugt sich ein junger Mann über den Tisch. Johann Friedrich Böttger, seit zwei Monaten ordentlicher Apothekergeselle, reibt sich die müden Augen. Vor ihm zischt und brodelt es aus Flaschen, aus zwei Schalen steigen weiße Dämpfe auf, aus einem grünen Glas qualmt es gelb. Während die schlürfenden Schritte des alten Nachtwächters für einen Moment zur Ruhe kommen und er neugierig durch einen Ritz im Fensterladen ins Innere der Apotheke schaut, blickt Johann Böttger zufrieden vor sich hin. Sein Plan scheint erfolgreich zu sein. Einen Tag später zeigt er dem Hofapotheker Friedrich Zorn und sechs weiteren Zeugen, das schier Unglaubliche. Er verwandelt 15 silberne Zweigroschenstücke, die Pastor Heinrich aus der Hosentasche gezogen hatte, in einen großen Klumpen Gold. Apotheker Zorn beschreibt es so: Nun dienet dies zur Nachricht, dass er in meiner Gegenwart von 15 Groschenstücken, durch seine Tinktur, welche dunkelrot und nur ein Gramm schwer war, als sofort das feinste Gold gemacht hat. Das Wunder sprach sich schnell herum. Zorns Lehrbub hat es geschafft. Apotheker Zorn zog sich seinen besten Anzug an, machte sich auf den Weg zum König hin und überreichte Böttgers Experimente. Friedrich, nicht besonders helle im Kopf, aber sehr wohl wissend, dass er damit seine ramponierte

Staatskasse schnellstens wieder auffüllen konnte - lächelte milde. Böttger hingegen suchte das Weite und machte sich in Richtung Sachsen davon. Doch auch August der Starke hatte von seinen Goldmacherkünsten gehört und wollte davon profitieren. Er ließ ihn in einen eigens dafür ausgebauten Turm einsperren. Und Böttger schaffte es. Nach drei Jahren hatte er Gold gemacht - weißes Gold. Er ist der Erfinder des Porzellans.

Zille schlürft weiter in Richtung Nussbau, der Kneipe der Gestrauchelten und Gestrandeten. Seine Schritte lenkten ihn in Richtung Brüderstraße. Vor dem Haus Nummer 10 blieb er stehen. Mit den Fingerspitzen kraulte er sich durch den Bart und lächelte. Die Geschichte des Hauses Brüderstraße hatte er schon so oft gehört. Sie hatte einst ihren Namen von den Dominikanerbrüdern erhalten, die im 15. Jahrhundert hier ihr Konventshaus unterhielten. Und die Geschichte gefiel ihm so gut, dass er sie immer wieder anderen Gesellschaften erzählte: „Gerade wollte der Geheime Staats- und Kriegsminister Ferdinand von Happe sein morgendliches Frühstücksei aufschlagen, da stutzte er. Vergeblich griff er zum Löffel. Mürrisch aß er das Honigbrot, übellaunig trank er die Milch. Dann befragte er seine Gattin nach dem Verbleib des Silberlöffels, verhörte seine fünf Dienstboten - doch ohne Erfolg. Der Silberlöffel hatte sich in Luft aufgelöst, was Herrn von Happe aber sehr unwahrscheinlich erschien. Eher schon zog er die Möglichkeit in Betracht, dass Marie Keller, das neue Hausmädchen, seine diebischen Finger im Spiel hätte. Schließlich hatte sie einen Liebsten, wie ihm seine Frau mitgeteilt hatte, einen armen Soldaten, den sie hin und wieder mit einem Stück Brot oder einer dicken Scheibe Schinken aus der Vorratskammer des

Kriegsministers unterstützte. Happe beschuldigte die junge Frau, denn als Kriegherr war er daran gewohnt, dass unverhoffte Angriffe schnell zum Ziele führen. Marie Keller weinte und beteuerte ihre Unschuld, doch keiner glaubte ihr. Noch nicht einmal ihr geliebter Soldat. Drei Tage später wurde sie an einem transportablen Galgen unter den Augen der Menge vor dem Hause aufgehängt. So weit, so gut. Die Tat war gesühnt, der Gerechtigkeit genüge getan. Keiner kümmerte sich mehr um Marie Keller. Wenn da nicht...ja wenn da nicht...die Ziege Berta gewesen wäre. Das süße Tierlein mit dem struppigen Bart gehörte sozusagen schon lange zur Familie, ein meckerndes Wesen, dass den Hausherrn stets an seine eigene Gattin erinnerte. Doch kaum drei Wochen nachdem Marie ihr junges Leben ausgehaucht hatte, stand eines Tages die Ziege Berta mit dem Löffel im Maul auf dem Hofe der Happes. Der Silberlöffel war wieder da - Marie immer noch tot. Die Geschichte sprach sich schnell herum, und jeden Tag kamen mehr Menschen gelaufen, um sich das Haus Brüderstr. 10 - das Galgenhaus - anzusehen. Aber noch etwas anderes geschah: Das Loch, indem der Galgenstamm in den Boden gerammt worden war, ließ sich nicht mehr zuschütten. Sooft man es auch versuchte, es brach immer wieder aufs Neue auf. Dem Minister und seiner Frau fing es an zu gruseln. Die Dienstboten liefen ihm fort. Er versuchte das Haus zu verkaufen, aber niemand wollte es. Da hatte Friedrich Wilhelm II Erbarmen. Schließlich war es sein Erlass gewesen, dass Diebe gleich vor dem Haus, woraus sie gestohlen hatten, aufgehängt werden sollten. Er befahl dem Magistrat von Berlin, seinem Kriegsminister das Haus abzukaufen. Das Loch bekam einen eisernen Deckel und diente fortan als Kellerloch.

Zille geht gern durch sein Berlin. Von der Brüderstraße in Richtung Marienkirche, dem ältesten noch erhaltenem Bauwerk der Stadt. Er kennt die dicke Bäckersfrau an der Ecke, weiß von ihren Nöten und Sorgen. Er kennt den Wachtmeister, der so manches Mal ein Auge zudrückt wenn vor der Eckkneipe randaliert wird. Die Blumenfrau drückt ihm ein paar Fliederzweige für Hulda in die Hand. Spielende Kinder rennen herum, ein Mann in derber Kleidung torkelt am Rinnsteig entlang und legt sich zum Schlafen in den nächsten Torbogen. Ein Stück weiter sitzt eine Berliner Göre uff'n Topp und drückt, bis das Gesicht rot ist. Heinrich greift in die Manteltasche, zückt Stift und Papier. Und wieder ist ein Bild entstanden. Er sah, wie das Elend sich von Generation zu Generation fortsetzte und kein Ende nahm. Niemand war da, der diese Kette unterbrach. „Wir leben in einer Zeit, in der das Kind schon als Sklave geboren wird", sagte Zille. Und der Schriftsteller Georg Hermann hat im Vorwort zu seinem erstem Bildband Heinrichs Worte aufgeschrieben: „Ja, versteht man denn nicht, wie durch all seine Blätter stets wieder nur der eine Schrei geht: Aber die Kinder! Aber die Kinder..."

Sein Leben lang wollte Zille die Zustände verbessern. Kinder sollen lachen und nicht weinen. Die Menschen sollten sich achten und nicht schlagen. Er selbst ging mit gutem Vorbild voran... Er nahm kein Blatt vor den Mund, redete wie ihm die Schnauze gewachsen war. Zum Bild des Jungen mit den krummen Beinen und Wasserkopf, der von seiner Mutter mit der Briefwaage gewogen wird, schreibt er: „Ach Jott, ick freu mir so, mein Hansi hat bei die Ferienkolonie 20 Gramm zujenomm". Auf einem anderen Bild raucht ein sieben- oder achtjähriger Junge eine Zigarette. Das etwa gleichaltriges Mädchen sagt zu ihm:

„Det mit den Lungenzuch haste fein raus, warste aber ooch schon mal richtig besoffen?"

Ja, es darf gelacht werden. Doch hinter dem Lachen verbergen sich die Scheußlichkleiten der damaligen Zeit. Zum Beispiel die Einsamkeit eines Mädchens, mit der die anderen nicht spielen wollen. „Mit mir wolln se nich spielen, weil meine Mutta krank is un mir nich de Löcher flicken kann".

„...Mutta sacht, wir brauchen nich nach Wannsee in't Freibad. Wenn der Sprengwagen jefahren is, können wir ja uff de Straße in't Wasser pantschen. Det kost keen Fahrjeld."

Unter dem Bild vom Hinterhof, Mülltonne und spielenden Kindern, schreibt er: „Du, Mutta, stell mal'n Blumentopp raus! Lieschen sitzt so jerne in't Jrüne."

...„Mutta, kriej ick ooch ne warme Jacke, wenn't noch kälter wird?" „Ja, wenn Vata wieder Arbeet hat."

„...Mutta, draußen haun sich'n sich ein paar Besoffene, aba Vata is nich mang."

...Eine schwangere Frau mit einem kranken Kind auf dem Arm sagt „Ob et noch lebt, bis det andre kommt?"

Margarete Zille schreibt in ihren Memoiren: „Das alles sind Dokumente eines nie erlahmenden Kampfes den Vater geführt hat, um das Kind vor dem körperlichen und seelischen Tode retten zu helfen. Die Kinder des Milljöhs sind durch den Schmutz der Gosse gewatet, sie sind an den Brutstätten des Lasters aufgewachsen. Aber niemals hat Vater sie wehleidig dargestellt. Diese Kinder strahlen reine,. unverdorbene Menschlichkeit aus, und die Lebenskraft des Proletariats. Anders konnte es auch nicht sein., denn ihr Schöpfer, der Sozialist Heinrich Zille, hat an den Sieg des Proletariats geglaubt. Vaters Waffe im Klassenkampf ist sein Zeichenstift gewesen. Kein Wunder, das Vater bei der Jugend sehr bekannt war."

Zille hatte Vorahnungen von dem, was ein Krieg an Leid und Elend bringt. Nach außen hin schien Deutschland ruhig. Und die am 6. März 1910 demonstrierenden Arbeiter in Berlin wurden von der berittenen Polizei auseinandergejagt. Im Untergrund schwelte es, an der Oberfläche war wenig davon zu merken. Es war die gute alte Zeit, von der später immer wieder gesprochen wurde, und sich niemand mehr an das Geschehene erinnern wollte. Der Kaiser verhöhnte Zilles Kunst, Heinrich machte sich über Wilhelm II lustig.

Am 28. Juni 1914 krachten die Schüsse in Sarajewo. Am 1. August wurde in Deutschland mobil gemacht. Was an diesem Tag seinen Anfang nahm, dauerte viereinhalb Jahre und kostete mehr als sechs Millionen Menschen das Leben oder die Gesundheit. Frauen wurden zu Witwen, Kinder zu Waisen, Eltern verloren ihre Söhne und Töchter. Man weinte um gute Freunde, Nachbarn und Arbeitskollegen. Zurück blieb ein Scherbenhaufen, den man Elend nannte. An Zille ging all das nicht spurlos vorbei. Er zeichnete Kummer und Leid. Soldaten, die an Krücken liefen, Invaliden ohne Beine, die sich mühsam mit einem Holzwägelchen fortbewegten. Hungernde Kinder, die das Lachen verlernt hatten, Mütter mit traurigen Augen und Blicken voller Angst. Während die Kinder in der Schule das Lied vom täglichen Brot singen

> Mama! Mama! Wir brauchen kein Fett!
> Mach dir keine Sorgen!
> Wir essen voll Dank unser Obstmusbrot,
> heute und auch morgen.
> Wir essen voll Dank auch Salz und Brot,

denn Salz und Brot macht die Wangen rot,
macht die Herzen fest, macht das Vaterland frei -
wir bleiben treu!

    Zeichnet Vater Zille ein kleines Mädchen mit dünnen Beinen, so lässt er sie sagen: „Nee, Mutta, schon wieder eene kahle Kriegsbrotstulle." Oder das erschütternde Bild einer Mutter mit ihren vier Kindern. Schwarz in grau gezeichnet. Trist und Hoffnungslos. Ein Bettgestell auf alten Dielen. Die Mutter sitzt mit teilnamslosen Blick auf der Kante. Ein Baby auf dem Schoß, zwei kleine Mädchen mit Schleifen im Haar links und rechts. Im Hintergrund ein offenes Fenster. Die kahle Pflanze zeigt die ganze Trostlosigkeit der Situation. Darunter ein gusseisernes Waschbecken, ein Regal und ein Bild. Das vierte Kind, ein Junge mit Halstuch in kurzen Hosen steht mit durchgedrücktem Rücken einen Schritt vor dem Küchentisch und schaut auf die Dinge, die dort liegen. Petroleumfunzel, Flasche, zwei Becher. Dicht an der Kante der Tischplatte ein Messer neben einem Briefumschlag. An der unteren Linie der Zeichnung der Titel in Heinrich Zilles Schrift: Das eiserne Kreuz. Hintergrund dieser Geschichte waren die unendlich vielen Briefe, die die letzte Hoffnung in den Familien zerstörte. Briefe vom Kaiser, in denen sich das eiserne Kreuz durch den Umschlag drückte, und in denen er den Hinterbliebenden mitteilte: Vater ist tot. Gefallen für Volk und Vaterland. Viele Briefträgerinnen weigerten sich deshalb, Boten des Todes sein. Sollten die Mütter ihren Kindern sagen, euer Vater war ein Held? Würden sie davon satt werden? Wie geht es Kindern, die in Kellern hausen und mit jedem Atemzug Feuchtigkeit und Schimmelpilze einatmeten. Würden sie weinen? Würden sie stolz auf ihren toten Vater sein? Oder würden sie gar nichts mehr fühlen. Verdrängung als Lebenshilfe, und ein paar Jahre später an Schwindsucht sterben? Und die Zeit, die dazwischen lag? Würde sie ausgefüllt sein mit Lachen und Hoffnung, oder mit Trauer und Tränen? Das etwa waren Zilles Gedanken, während in dieser Zeit malte. Aus der erschütternden Zeitungsgeschichte, wie in einem Berliner Krankenhaus ein verstorbenes Kind verschwunden war, und der Totenwärter nicht den Mut hatte, der Mutter das ausgemergelte Kind zu zeigen und ihr stattdessen ein fremdes Kind brachte, zeichnete Zille die Geschichte vom „Fräuleinskind". Als die Mutter beim Anblick des toten Mädchen sagte, das ist nicht unsere Kleine, die sah doch viel elender aus, legte Zille dem Totengräber die Worte in den Mund: „Liebe Frau so'n kleenet Wurm sieht immer schöner aus, wenn' t jestorben is."

Zille selbst ging es in den Kriegsjahren nicht besonders gut. Wie alle, litt auch er unter der rationierten Ernährung. Ihm machte es Sorgen, wie er die Familie durchbringen sollte, ohne dass sie durch die Mangelernährung krank und schwach werden würde. Seine bescheidenen Honorare langten kaum für das Nötigste. Seine Unbeholfenheit, sich unter der Hand Lebensmittel zu beschaffen, veranlasste Freunde, für ein paar zusätzliche Essenrationen zu sorgen. So wurde Zille von den Wirten seiner Stammlokale nicht nur auf ein Glas Wein eingeladen wurde, sondern er bekam beim Nachhausegehen noch ein dickes Fleischpaket unter den Arm gedrückt. Einmal, es war noch vor Kriegsbeginn, besuchte Heinrich seinen Sohn Hans, der als Dorfschullehrer in Rosemarsow lebte. Hier sprach man plattdütsch, hier hatte man Zeit, hier auf dem Lande war die Welt noch mehr in Ordnung, als in Berlin. Zille mag die Leute hier. Sie sind so anders als in der großen Stadt. Nicht so umtriebig und hektisch. Eher ruhig und besonnen. Und ein Mann namens Vadding Liermann bleibt ihm in Erinnerung. Ein Mann mit Schnauzbart und gutmütigen Augen. Als er ein paar Tagen später wieder abreist, blieb ihm ein Bild im Kopf, was er während der Kriegsjahre zu einer Geschichte verarbeiten wird: Die Landsturmmänner Vadding und Korl. Zwei wie du und ich, pflegte er zu sagen. Nicht die Helden, die der Kaiser erwartet und verlangt. Es waren Familienväter mit all ihren Sorgen und Nöten, die sich das Ende des Krieges herbeisehnten und nicht das Vorbild eines deutschen Siegers waren. Sie waren menschlich, zu menschlich für die Armee, die aufs Töten aus war. Sie zeigen sich sogar den Feinden gegenüber hilfsbereit und warmherzig und singen voller Inbrunst im besetzten Gebiet sentimentale Weihnachtslieder. Vadding und Korl kamen als Bildserien, ähnlich einem Comic, in der Zeitschrift Ulk heraus. Was mit den beiden an der Front geschieht, soll die, die täglich ihren Kopf hinhalten müssen, zum Lachen bringen. Für ein paar Minuten sollten die Soldaten den Krieg vergessen und wieder Menschen sein. Ungeduldig warteten die Frontsoldaten jede Woche auf neue Folgen der beiden Landsturmmänner, von denen Korl große Ähnlichkeit mit Heinrich Zille hatte. Ungefähr 200 solcher lustiger Zeichnungen entstanden. Zum Beispiel: Vadding und Korl sitzen in ihrem Quartier und bekommen Post. Neugierig öffnen sie die Briefe und lesen die Karten von zuhause. Und Vadding hat zusätzlich noch ein kleines Paket bekommen. Schinken, Eier, Speck und Schnaps hat Mutti für ihn eingepackt. Und dazu noch eine ganz besonders große Überraschung: Eine Taschenlampe mit einer Batterie. Vadding betrachtet die Batterie eine Weile, dann stellt er sich stramm und aufrecht vor Korl hin und ruft zackig auf plattdeutsch: „So Korl, nu bün ich ok Batteriechef!"

Zilles Witz wollte aufheitern und den grauen Alltag und die Angst vor dem Tode vergessen lassen. Niemals hat er den Krieg dabei verherrlicht. In dem Buch „Vadding in Frankreich" steht im Vorwort zu lesen: „Vaddings Hilfsbereitschaft sucht überall nach Betätigung. Er verhilft einem matten gefangenen Franzosen zu einem Platz auf dem Wagen, er schneidet den Kindern der Feinde von seinem eigenen Brot ab." Für Zilles waren das Gesten der Menschlichkeit, so wie er selbst gehandelt hätte. Für andere war es Wehrdienstversetzung, die mit dem Tode oder Gefängnis bestraft wurden sollte. Professor Otto Nagel schreibt über Zille: „Eindeutig war auch Zilles Haltung während des Weltkrieges. Es gibt Leute, die ihm seine Vadding-Serien zum Vorwurf machen. Gewiß sind sein Korl und Vadding Soldaten, aber sie halten in der Zeit der grausamsten Unmenschlichkeit das Menschliche hoch." Zille selbst schreibt über diese Zeit an den Kunsthistoriker Frikomar Dörfler: „Dieses Kriegsspiel zeigt, wie null das ganze arbeitende Volk ist. Trotz Kunst und Wissenschaft, trotz aller geistigen Errungenschaften die Beute einzelner Habgieriger für giftige Gase und Geschosse. Bin auch zwei Jahre Soldat gewesen und habe kommandierenden Adel kennengelernt..."

Er hasste den Krieg. In einem Brief aus dem Jahre 1924 bekennt er: „Liebe Leute! Auf ihre Rundfrage kann ich nicht anders antworten: Ich bin seit meinem 14. Lebensjahr (1872) Sozialist. Seit 1914 nicht mehr. Seitdem die Kommunisten das sagen und verfolgen, was früher die Sozialdemokraten tun wollten, aber nicht getan haben, bin ich Kommunist. Eigentlich aber stehe ich abseits; ich gebe Hungernden und Darbenden, die ich kenne. Ich habe mit meinen Bildern und Sprüchen vielleicht was getan - vielleicht! Aber, wenn ich helfen kann, tue ich es am liebsten in den hungernden Mund - gleich- , nicht auf Vertröstung, wie es 1914 war." Unterschrieben war der Brief mit: Heinrich Zille, Professor an der Akademie der Bildenden Künste.

Ab 1916 allerdings ist es mit Zilles Zurückhaltung vorbei. Er wird deutlicher. Öffentlich fordert er, dem Wahnsinn des Krieges endlich ein Ende zu machen. Er fordert die Menschen auf, nicht mehr auf die Propaganda der Unschuldigkeit herein zufallen. Respeklos zeichnet er den Kaiser im Nachthemd, der Diener hält ihm den Nachttopf. Darunter steht: Das Volk denkt nicht. Es hat die Schnauze zu halten. An den Kunsthistoriker Frikomar Dörfler schreibt er: „Das Kriegsspiel zeigt, wie null das ganze arbeitende Volk ist. Trotz Kunst und Wissenschaft, trotz aller geistiger Errungenschaften die Beute einzelner Habgieriger für giftige Gase und Geschosse...Aber die Welt wird es noch erleben, dass das Volk sich nicht von einzelnen Ordensträgern wird regieren lassen...aber wann?"

Der Krieg ist vorbei. Deutschland verloren und verraten. Millionen Tote, und Krüppel, kaum einer hatte mehr Essen auf dem Tisch, geschweige denn ein Hemd auf dem Körper. Das kaiserliche Deutschland brach am 9. November 1918 unter dem Druck der Massen zusammen. Kaiser Wilhelm ging nach Holland ins Exil. Kriegsschulden mussten bezahlt werden, man brauchte Hände, die anpacken konnte.

„...man muß zufrieden sein, wenn man gesund weiterlebt, ohne Verluste an Hab und Gut wird's nicht abgehen, dafür ist das Verbrechen des Krieges von Deutschland aus zu groß!", schreibt er an Tochter Margarete.

Huldas Tod

Ein halbes Jahr später, es ist der Pfingstsonntag des Jahres 1919, der 7. Juni. Ein strahlend schöner Tag. Die Sonne lacht, die Menschen auf den Straßen haben endlich wieder etwas, um sich zu freuen. In den Straßencafes wird gelacht, in den Tanzdielen geflirtet, Blumenfrauen bieten ihre bunten Sträuße den Straßenecken an, und Verliebte kuscheln sich eng aneinander. Auch Margarete Zille und ihr Verlobter, der Kunstdrechslermeister Georg Köhler, flanieren Hand in Hand durch die Sophie-Charlotte-Straße in Charlottenburg. Mit dem Mittagszug sind die Verlobten aus Demmin, wo sie seit Monaten schon wohnten, nach Berlin gekommen. Noch zehn Tage, dann sollte Hochzeit gefeiert werden. Margarete und Georg liebten sich und wollten am 17. Juni den Bund für das Leben eingehen. Als sie sich die 99 Stufen zu Vaters Wohnung hinauf gequält und an die Tür geklopft hatten, erschraken sie. Heinrich öffnete ihnen mit leerem Blick die Tür. „Mutter ist sehr krank. Seit gestern liegt sie", waren seine einzigen Begrüßungsworte. Keiner der sonst üblichen Witze folgte. Heinrich drehte sich um und ging ins Zimmer zurück. Er hatte ihnen doch ein Telegramm geschickt, dass sie wegen Mutters Krankheit zuhause bleiben sollten. Warum waren sie trotzdem gekommen? Später stellte sich heraus, dass Heinrichs Telegramm nicht angekommen war. Mutter lag im Wohnzimmer auf dem Sofa. Sie trug das geblümte Kleid, dass sie schon bei Margaretes letztem Besuch an hatte. Hulda versuchte sich aufzurichten. „Schön, das ihr da seid." Sie sprach sehr leise.

Man merkte ihr die Anstrengung der Krankheit an. Lange noch saßen die drei am Bett der kranken Mutter. Man erzählte sich aus vergangenen Tagen, erinnerte sich hier und da an ein paar lustige Begebenheiten. Hulda genoss es sichtlich, im Kreise ihrer Nächsten zu sein. „Es wird wohl das letzte mal sein, dass wir so beieinander sitzen, lachen und erzählen", sagte sie. Als Margarete ihr ein Stück vom selbstgebackenen Streuselkuchen reichte, schüttelte Hulda den Kopf, dann fällt sie kraftlos ins Kissen zurück. Sie ist ohnmächtig geworden. Als Dr. Harms eine halbe Stunde später mit der Untersuchung fertig ist, stellt er seine Diagnose: „Linksseitiger Schlaganfall. Es sieht nicht gut aus. Sie wird viel Kraft brauchen..." Heinrich schweigt. Sagt kein einziges Wort. In seinen ausgebeulten grauen Hosen, dem Hemd, an dem der oberste Knopf fehlt und den abgeschabten Hosenträgern schlürft er ins Balkonzimmer zurück, setzt sich auf den Stuhl neben dem Vertiko und starrt minutenlang schweigend auf die Piepmätze im Käfig. Als hatten sie die Tragik der Situation ebenfalls begriffen, schwiegen auch sie. Kein Piepen, kein Tschirpen, nicht ein einziger Laut kam über ihre Schnäbel. Wo sonst lebendiges Treiben den Raum erfüllte, Vogelstimmen um die Wette sangen und das Lachen der Freunde durch die Zimmer schallte, herrschte jetzt Totenstille. Abwechselnd hielt die Familie Wache am Bett der Mutter, die sich im tiefen Schlaf hin und her wälzte. Es waren schwere Stunden, die nun folgten. Heinrich, Grete und ihr Verlobter hofften auf ein Wunder. Doch es blieb aus. Als Dr. Harms am Abend des zweiten Pfingstfeiertages wieder kam, konnte er nur noch den Totenschein für die 54jährige Hulda Zille ausstellen. Es war der 9. Juni 1919, sieben Uhr abends. Grete und die Brüder regelten den Nachlass. Heinrich saß auf dem

Ehebett, schwieg und litt. In seinem künstlerischen Schaffen hatte sie direkt zwar nie eine große Rolle gespielt, doch war sie es gewesen, die ihm den Boden für seine Entfaltung geebnet hatte. Sie hatte die Kinder großgezogen, seine Freunde bis sät in die Nacht oder in den frühen Morgen hinein bewirtet. Sie hat beim Gemüsemann und beim Fleischer anschreiben lassen, wenn sie mal wieder kein Geld hatten, sie hat ihn getröstet, wenn er an sich zweifelte. Hulda war sein Schatten gewesen, der lautlos und ohne zu murren ihm die Kraft zum Arbeiten gab. Als Hulda ihn nun verlassen hatte, sah Zille keinen rechten Sinn mehr im Leben...

Aber er dachte auch an die alte Schwiegermutter, der er den Tod ihrer Tochter so schonend wie möglich beibringen wollte. Ende Juni schrieb er ihr einen Brief: „Traurig wäre ein langes Krankenlager gewesen. Hulda hat keine Schmerzen gehabt und ist ohne Bewußtsein eingeschlafen. Ich bin bis zum letzten Atemzug bei ihr gewesen und habe ihr die Augen zugedrückt. Sie ruht in Frieden, das gute Hausmütterchen. Ich hätte lieber gesehen, ich wäre vorher gegangen, damit Hulda den Lebensabend in Ruhe verbringen konnte. Na, nun muß es auch so weitergehen, Wie lange ich noch arbeiten kann, vielleicht zwei Jahre, dann wird's mit mir auch zum Ausspannen sein. Wer Ruhe hat, braucht nicht mehr zu kämpfen...so ist mein Trost. Hulda ist in der Arbeit gestorben wie ein Held."

Einen zweiten Brief an seine Schwiegermutter schreibt Heinrich Zille im August

„Liebe Großmutter Frieske!

Ihren Brief erhielt ich und danke ihnen. Da Walter und Anna manchmal zu ihnen kommen, erfahre ich auch, wie es ihnen geht. Ich komme selten aus dem

Haus, nur, wenn es durchaus sein muß. Meine Arbeit, die ich im Sommer fertig haben muß, zwingt mich, und dann bin ich gern allein. Ich hätte sie auch gern mal wieder gesehen, aber das Eisenbahnfahren bekommt mir jetzt gar nicht. Daß es ihnen so leidlich gesundheitlich gut geht, freut mich, ich bin sonst auch gesund, muß aber früh schlafen gehen, da ich früh aufstehe. Ich werde schon durchkommen. Nur mit einer Frau für die Wirtschaft werde ich mich nicht einlassen, das kostet zuviel. Die verlangen zuviel, und eine Hausdame brauche ich nicht. Wir müssen uns in das Schicksal fügen, Arbeit hilft darüber hinweg. Freilich, manchmal darf ich gar nicht daran denken.
Mit herzlichen Grüßen ihr
   Schwiegersohn H. Zille

   Zeit seines Lebens blieb Zille seiner Schwiegermutter gegenüber beim Sie. Für ihn war es eine besondere Form der Zuneigung und Bescheidenheit. Er mochte sie sehr. Und auch sie liebte ihn ebenfalls.

   Huldas Tod brachte Heinrich ziemlich aus dem Gleichgewicht. Wo er früher lachte, wirkte er jetzt ernst. Wo er früher ganze Gesellschaften mit seinen Anekdoten unterhalten konnte, schwieg er, oder ging gar nicht erst hin. Er zog sich zurück, lebte als „Einsiedel", wie er sich selbst nannte. Obwohl Hulda nicht mehr lebte, war sie doch immer bei ihm. Sie saß gedanklich mit ihm am Küchentisch und lauschte seinen Geschichten, saß auf dem Sofa und strickte oder staubte die Figuren auf dem Vertiko ab. Er fragte sie im Stillen um Rat, wenn er unsicher war, und konnte das Alleinsein kaum ertragen. Dann legte er sich ins Bett oder schlief auf dem Sofa ein. Schlafen und nichts mehr denken müssen, nichts fühlen brauchen war besser, als sich der Realität hin zugeben und die Last des Alleinsein zu spüren. Es ist, als hätte er nur noch ein Bein, erwähnte er oft. Und auf einem Bein kann man nicht besonders gut stehen. Er brauchte Halt, und den fand er in seiner Arbeit. Aber sein schlechter Gesundheitszustand und seine Trauer brachten ihn trotzdem immer wieder schnell an den Rand der Verzweiflung.

An Tochter Grete schrieb er zu dieser Zeit zwei Briefe: „Meine Arbeit geht neuerdings langsamer; ich gönne mir keine Ruhe, will es schaffen...Habe Großmutter geschrieben, sie hat auch geantwortet. Ich komme nicht zu ihr, geize mit der Zeit, und das Laufen erschwert mir das Wollen. Von den neuen Steuern habt ihr wohl gelesen! Es bleibt einem nichts!" Der zweite Brief folgte ein paar Wochen später. „...Mein Humor ist für lange Zeit verschwunden, und die nötige Zeit mangelt noch mehr als früher, da meine Einsiedelei doppelten Betrieb verlangt. Es wird sich im Winter herausstellen, ob ich im Sommer mich verändere, d. h. verkleinere oder verkaufe und dann in ein Stift oder eine Pension gehe, um meine Ruhe auch noch zu genießen. Es ist in den letzten Monaten vieles wie ein Traum gewesen, und es festigt sich jetzt erst wieder mein Gedankengang und die Überlegung."

Grete und Georg konnten ihre Trauung nicht mehr verschieben. Sie heirateten allerdings entgegen des ursprünglichen Planes in aller Stille. Zwei Tage später fuhren sie nach Demmin zurück. Um den Vater in seiner schwierigen Lebenssituation nicht ganz alleine zu lassen, versorgte Anna, seine Schwiegertochter, dreimal in der Woche den Haushalt. Obwohl Zille manchmal mürrisch war, freute er sich doch jedes mal auf Annas Besuch. Sie bezog ihm das Bett frisch, spülte Teller und Tassen, machte sauber und erzählte ihm hier und da ein paar Neuigkeiten. Anna und Heinrich verstanden sich gut. Heinrich war ein freiheitsliebender Mensch, der von niemanden abhängig sein wollte. Doch bei Anna fühlte er keine Enge, und er genoss ihre Anwesenheit weit über die Haushaltsführung hinaus. An seine Tochter Grete schreibt er: „Neulich war ich zehn Tage ohne Hilfe, da keine Bahn und keine Straßenbahn fuhr. Es ist ja sehr einsam, komme hier nur bis zum Briefkasten oder Post. Es geht mir im Kopf herum, daß ich meine vorgenommene Arbeit nicht im Sommer schaffen kann. Ich glaube, nächstes Jahr werde ich abhauen. Sonntag ist den ganzen Nachmittag Besuch gekommen, obgleich ich überall abgeschrieben hatte; ich habe nicht aufgemacht. Aber am Abend, als ich Bratkartoffeln machte, kam jemand, der ehemalige Soldat Lüdtke, und hat mir die Sachen helfen aufessen. Ihr braucht nichts zu schicken, Fleisch geht nicht, Hitze. Kartoffeln langen wieder eine Weile. Wenn Eier billiger sind als hier, ja. Butter habe ich noch und Schmalz. Brot langt auch noch, da mir Anna Kuchen gebacken hat. Auch hat mir Frey eine Brotkarte geschickt. Seine Frau hat mir, d. h. bei sich, die Karten gelegt, und sie lagen gut, vor allem die Brotkarte darum bekam ich sie.

Euer Vater H. Zille„

Margarete war erleichtert. Der Brief zeigte ihr, dass der Vater seinen Humor wieder gefunden hatte. Die Sonne am Berliner Himmel schien für Augenblicke wieder zu lachen.

Heinrichs Freunde

Auch seine Freunde machten sich wegen der Zurückgezogenheit ernsthafte Sorgen. Der Schriftsteller Hermann Frey war einer derjenigen, die ihm in der schweren Zeit täglich zur Seite standen. Zille nannte ihn Tausendsassa oder verrückte Kanone, denn wo Hermann auftauchte, blieb kein Auge trocken. Er war ein Mann, der schnell anpacken konnte, wenn es notwendig war, ständig mit neuen Plänen im Kopf herumlief und sie auch schnell ausgeführte. Frey war ein Mann, den nichts erschüttern konnte. Vom Millionär zum Tellerwäscher und dann wieder nach oben . Er war Theaterdirektor, Schriftsteller, Schaubudenbesitzer, Almosenempfänger...bis er schließlich ein gefeierter und anerkannter Lieder- und Schlagertexter wurde. Mit Walter Kollo, dem begnadeten Komponisten, schuf er Schlager und Gassenhauer, die bald jeder Bengel, jede Blumenfrau, die Mamsell in der Küche und der Droschkenfahrer auf der Straße sangen oder pfiffen. Ohne Freunde, so sagte er, wäre das Leben wie ein Fluss ohne Wasser. Zille hatte sehr unterschiedliche Freunde. „Für jeden meiner Charakterzüge einen...", sagte er. Mit den einen machte er Radtouren bis nach Dresden und in den Spessart hinein, oder ging auf Schmetterlings- und Insektenjagd. Mit anderen wiederum zog er nächtelang durch Berlins Kaschemmen. Und mit Max Liebermann verband ihn eine ganz besondere Vorliebe. Sie machten lange Spaziergänge um den Grunewaldsee herum, führten dabei ernsthafte Gespräche und fühlten sich wie Goethe und Eckermann. Sie philosophierten über das Leben im Allgemeinen, über die Kunst im Besonderen, über Gott, Politik und... sie stritten sich, denn sie hatten nicht immer die gleiche Auffassung von den Dingen. Aber gerade das war es, was ihre Freundschaft so eng und so einmalig machte. Jeder empfand Respekt für den anderen und ließ dessen Meinung gelten. Zu Liebermanns 80. Geburtstag malte Zille ein

Bild. Er selbst und Liebermann vor der Haustür, um sie herum Kinder, dicke Berlinerinnen und ein Drehorgelspieler. „Und ick sage mit mein janzet Milljöh: Maxe, du bist doch unser lieber Mann".

Doch trotz aller Freundschaft schaute Zille immer zu seinem berühmten Freund hinauf, der als Präsident der Akademie der Künste eine gewisse Autorität verkörperte. Doch auch das war kein Grund für Zille, mit seinen Ansichten hinter dem Berg zu bleiben. Denn als Arno Holz gegen die Missstände an der Akademie wetterte, schloss sich Zille mit den Worten, „Die Akademie ist ein morscher Baum, an dem man die Axt anlegen sollte", an.

Ein weiterer guter Freund war der bereits erwähnte Schlagertexter Hermann Frey. Zille und er zischten gern mal ein Bier zusammen und tranken zwischendurch ein Gläschen Gummi Arabicum, wie sie den Cognac nannten. Im Goldenen Hahn tranken sie auch schon mal den berühmten Hausiererlikör, eine Mischung aus 100%tigen Alkohol vermischt mit Rosen- und Zitronenlikör. Das Zeug schmeckte gut, verdammt gut sogar. Und manchmal auch zu gut. Ihre dritte und letzte Station war stets die verruchte Kellerkneipe in der Katharinenstraße, in der die Gäste sich durch Klopfzeichen bemerkbar machen mussten, um eingelassen zu werden. Als sein Freund Frey im Theater am Kottbusser Tor die Revue „Rund um das Jahrhundert„ aufführen ließ, malte Zille nicht nur die Plakate und Bühnenbilder, sondern entwarf auch die farbenfrohen Kostüme der Schauspieler. Nächtelang saß er an seinem überfüllten Schreibtisch zeichnete, schmiss weg, zeichnete neu, schmiss wieder weg. Der Boden war übersät mit Entwürfen, und immer neue kamen hinzu. Heinrich war nicht zufrieden mit sich und dem, was er zu Papier brachte. Wieder stiegen die alten Zweifel in ihm hoch. Und wieder wartete er voller Ungeduld auf das, was kommen würde. Die Revue wurde ein großer Hit. Und da Hermann Frey auch sein eigener Hauptdarsteller war, wurde es für ihn zum doppelten Erfolg. Das Publikum johlte, brüllte und klatschte. Sie sprangen auf die Stühle, trampelten den Holzfußboden platt und verlangten eine Zugabe nach der anderen. Jetzt erst war auch Heinrich zufrieden. Und als Frey und Zille wieder mal eine ihrer nächtlichen Touren machten, beobachteten sie, wie der Pianist einer Kellerkneipe in der Katharinenstraße nach dem Genuss der vielen spendierten Biere und Schnäpse sich vorsichtig an der Wand entlang zum Ausgang tastete. Vier Wochen später sang jeder in Berlin Hermann Freys neunen Schlager:

> Und dann schleich ich still und leise
> immer an der Wand lang,
> heimwärts von der Bummelreise
> immer an der Wand lang.
> Schimpft zu Haus ooch meine Olle
> immer an der Wand lang,
> ja, ich bin 'ne dolle Bolle
> immer an der Wand, an der Wand entlang.

Freys Lieder eroberten Berlin und Walter Kollos Melodien ließen die Härte der Zeit ein wenig vergessen. Und aus Tränen der Traurigkeit zauberten die beiden mit ihrer Musik oft Tränen des Glücks, des Lachens und der Hoffnung. Zur Faßnacht 1928 spielte man im Berliner Rundfunk zum erstenmal den Schlager, den Frey als den blödsinnigsten seiner Einfälle bezeichnete. „Nach diesem Lied wird es nicht Dümmeres mehr geben. Ich setze diesem Schlagerunsinn

damit die Krone auf", hatte er kurz zuvor noch zu Kollo gesagt. Doch
„Mein Papagei frißt keine harten Eier,
zu harte Eier frißt er nie...",
war erst der Anfang für viel verückteste Texte, die noch folgten.

Auch mit dem Bildhauer August verband ihn eine tiefe Freundschaft. 1905 treffen sich die beiden zu einer Wanderung durch den Spessart. Sie besuchten den Bischofssitz Mespelbrunn, wo Gaul als junger Student oft seine Tage verbracht hatte. Gaul und Zille fröhnten der gleichen Leidenschaft: sie sammelten Schmetterlinge. Und im Spessart gab es reichlich davon. So zogen sie sofort nach dem Essen los, bestrichen alle möglichen Bäume mit Bier oder etwas Süßem, um die bunten Falter zu locken. Und als Gaul einmal, weil es keine Bäume gab, die süßen Lockmittel auf die umliegenden Parkbänke strich, entsetzte sich Heinrich: „Det darfs de nich Gaul." Doch der lachte nur...Obwohl August und Heinrich in einigen Dingen sehr unterschiedlich waren, waren sie ein Herz und eine Seele. Aber vielleicht war ja gerade ihre Unterschiedlichkeit der Grund für ihr gutes Miteinander.

Manchmal zog Zille auch alleine durch Berlins Kneipen, in denen ihn jeder kannte. Meistens fing er in der Kellerkneipe in der Katharinenstraße an, wo sich das Kerzenlicht mühsam durch den dicken Tabaksqualm quälte und wie ein kleiner Leuchtturm am Ende der Welt aussah. Es stank nach Bier, Schnaps und Schweiß. Junge Burschen in modernen Anzügen flirteten mit eleganten Damen, die hier ebenso wenig hineinpassten wie ein Brückenpenner auf einen königlichen Hofball. Und die jungen Mädchen, die sich an die älteren Herren kuschelten, waren mehr an deren

Brieftaschen als an ihnen selbst interessiert. Man trank Boullion aus Tassen, die schon vor langer Zeit ihre Henkel verloren hatten. Der Wirt, ein ehemaliger Boxer mit zerschlagener Nase und ewig zugeschwollenem Auge, war bei der Polizei bestens bekannt. Hundertfuffzig Jahre Knast am Dreiertisch, pflegte man zu sagen, wenn man sein Lokal beschrieb. Zille war oft hier. Mit Zeichenstift und Block saß er in der Ecke und schaute sich um. Die Augen hinter den verschmierten runden Brillengläsern zusammengekniffen, beobachte er das, was sich im Raume tat. Die Kleene, die mit ihrem roten Strumpfband spielte, und dem älteren Herrn dabei so dicht auf die Pelle rückte, dass ihm schon die Schweißperlen auf der Nase standen, war gerade 17 geworden, aber schon mit allen Wassern gewaschen. Sie wusste, wenn sie es schaffte...aber lassen wir das. Hier wusste jeder genau, was passierte, hier spielte jeder perfekt seine Rolle. Der eine gab, die andere nahm. Die beiden dunklen Gestalten am letzten Tisch hinten links in der Ecke hatten allerdings schon genommen und waren gerade dabei den Inhalt der schweinsledernen Brieftasche unter sich aufzuteilen. Bei anderen sah Zille die Pulle Korn oder den Weinbrandverschnitt aus der Hosentasche gucken. Selbst die Damen nahmen zwischendurch einen kräftigen Hieb aus der Likörflasche. Denn nur mit Boullion kam keine Stimmung auf. Hier verkehrte der fünfte Stand, und mit ihm kamen die Neugierigen und Weltverbesserer. Hin und wieder flogen ein paar Stühle durch den Raum, Fäuste wurden zu Argumenten, danach war die Luft im Keller wieder rein. Hier fühlte Zille sich wohl, hier war sein zweites Zuhause.

  Jedermann in Berlin, der etwas auf sich hielt, wollte unbedingt ein Telefon. Den eigenen Namen im

Telefonbuch wiederzufinden, hatte eine gewisse Exklusivität. Nur Zille weigerte sich beharrlich für jedermann erreichbar zu sein. Er zog die bewährte aber umständliche Art des Briefeschreibens vor und traf alle seine Verabredungen nur schriftlich. Auch in Gelddingen war Zille ungeübt. Und was sein Äußeres betraf, so besaß er einen Anzug, eine zweite Hose, zwei Hemden, einen Hut und ein paar Schuhe. Frau und Kinder mussten ebenfalls nicht frieren und zum Essen hatten sie auch genug. Was also wollten sie denn mehr? Zille war anspruchslos und sah den Sinn seines Lebens nicht darin, Reichtümer anzuhäufen.

Während der Inflation war die Angst ständiger Begleiter der Menschen. Die Sorge um das Brot vertrieb Lachen und Frohsinn. Die Lebensunterhaltungskosten stiegen täglich. Und 1920 betrugen sie schon das Zehnfache gegenüber 1918. Zille verkaufte einige seiner Zeichnungen, obwohl er sich ungern von ihnen trennte. „Die Dinger sind ein Stück von mir. Sie sind ma ans Herz jewachsen, und et is, als würde ick ein Stück von mir vakoofen." Gemeinsam mit Anna ging er dann zur Bank und holte das inzwischen wieder wertloser gewordene Geld mit dem Waschkorb ab. Und wenn Anna ein paar Tage später einkaufen ging, war es kaum noch etwas wert. „So ville Jeld, und nun krieck ick noch nich mal een paar Bleistifte dafür."

Zille beschrieb diese Zeit in seinen Briefen sehr genau. „Wenn die Vierteljahresabrechnungen vom Verleger kamen, schickte ich Anna runter. Dann kriegte sie für das Geld einen Kohlkopp und mußte noch was zulegen."

Ende Mai 1921 schreibt er: „Die Reise nach Freistaat Sachsen (habe ich selbst meinen Geburtsort Radeburg noch nicht wiedergesehen) wird wohl wie vieles nur ein Wunsch bleiben. Es läßt sich so nett darüber träumen, Plänemachen ist so kostenlos...na, und dann geht's eben nicht. Die Wolken am Himmel sind meine Berge - das Obst liegt in der Markthalle...alles da!"

Im Dezember 1921 schreibt er: „Die Berliner Nationalgalerie hat von mir hundertfünfzehn größere und ganz kleine Blätter angekauft, nun muß ich doch ein guter, brauchbarer Mensch, d. h. Künstler sein? Aber ich bin nicht stolz! Na, so manche Kunsthändler und Sammler, die da denken, der Olle kämpft schon mit dem Sarjdeckel, möchten mir alles abkaufen. Ich will aber das janze Papier für meinen Lebensabend für Heizung verbrauchen." Und am 29. Dezember 1921 an seinen Freund Frey: „Lieber Hermann Frey! Als Du am Sonnabend bei mir warst, bin ich erst mittags 1 Uhr nach Hause gekommen, d. h., ich bin am Freitagvormittag weggegangen, viele Wege gehabt und abends bei bekannten Leuten gesessen, wo mich zum zweitenmale der Ohnmachtsanfall (Herz) überfiel. Bin dort auf 'nem Ruhebett geblieben. Das erstemal mit Umkippen war vor, denke ich, 1 1/2 Jahr, bei Dr. Behne. Bin nach Hause gekommen und habe mich in meinen eigenen vier Wänden der Ruhe befleißigt. Ich merke, der Körper ist schon lange in Unordnung, will nicht mehr; spür es bei der Arbeit, beim Essen und an der sogenannten Lebensfreude - bin gleichgültig...Nun will ich am Montagvormittag in der Wohnung der Hechy - versuchen, was Richtiges zu zeichnen, nur ist mein ganzer Körper so umgewandelt, willenlos, was soll das werden?"

Zille ist schwach und antriebslos. Und er macht kein Hehl aus seiner schlechten Stimmung. „Das neue Jahr wir's bringen, denke ich. Ich habe Fußschmerzen, bin grillig (nicht zillig), verzweifle an der Menschheit (es ist eine Herde sich auffressender Gefangener). Ich lebe, arbeite, könnte verkaufen, aber ich muß mir meinen Rest (Zeichnungen) fürs Alter aufheben, um leben zu können. Was der Tag kostet, will ich noch verdienen - im Alter nicht zur Last fallen - frei bleiben!" Seinen Galgenhumor verlor er selten. Als ihn der Bildhauer August Kraus besuchen kam, holte er erst eine edlen Tropfen Wein aus der Vorratskammer, dann sagte er: „Weeste Kraus, ick wer' imma wenijer. Wenn de mal' n Modell fürt Kruzifix brauchst, komm ick jerne mal vorbei."

Zille war eben nicht nur ein Meister des Zeichenstiftes. Er konnte auch so anschaulich mit Worten umgehen, dass seine Briefe und Selbstbeschreibungen die Wirklichkeit nicht besser darstellen konnten.

„...Bin durch Herbst und körperliches Unbehaben grau in grau und will zufrieden sein, wenn sich noch mal ein frisches, farbiges Leben bei mir entwickelt..."

„...Meine Bequemlichkeit wird immer rücksichtsloser. Meine Beine sind bleischwer. Die Arbeit ist dringend und ich bin mattfaul. Später erzähle ich ihnen alles – jetzt habe ich Ärger und Pflichten."

„...Ich bin sehr herunter, wenn ich auch hoch oben wohne. Schlafe 3/4 Tag – Vorübung für immer. Wir sprechen uns mal, wenn ich's Bett verkauft habe..."

Traurige Worte eines Mannes, der sich seinen Lebensabend wohl anders vorgestellt hatte. Keine tröstlichen Worte für die Empfänger dieser Zeilen. Und trotzdem haben ihn seine Heiterkeit und sein Humor selten verlassen. Er zeigte sich in seinen Briefen auf genau die gleiche Art, wie er es auch in seinen Zeichnungen tat. Kindliche Fragen, mit Naivität gestellt, lassen das Belastende einer Situation humorvoll und entspannt erscheinen. Das war Zilles Stärke. Mit Humor die Menschen erreichen und ihnen so das Elend nahe bringen, das sich um sie herum abspielt. Zille war mit vielen Künstlern befreundet. Trude Hesterberg, Senta Söneland, Lotte Werkmeister, Joachim Ringelnatz, Hermann Frey und die unvergessliche Claire Waldoff.

Clairchen riefen die Bauarbeiter vom Wedding, die Kohlenschipper von der Schönhauser, die Intellektuellen und die Künstler in den Hinterhöfen. Heinrich und Clärchen, ein interessantes Pärchen. Doch nur die wenigsten wissen, Clairchen kommt ebenso wenig aus Berlin, wie ein Pinguin aus der Sahara. Sie war das elfte Kind einer 18köpfigen Familie aus Gelsenkirchen. „Als ich 17 war ließen sich meine Eltern nach 45jähriger Ehe scheiden. Da stand ich nun plötzlich allein und ohne Elternhaus. Mit einem Hemd und ein paar Strümpfen. Ich versetzte mein letztes Wertstück, eine goldene Uhr mit Kette, und fuhr eines Tages vierter Klasse, auf meinem Korbkoffer sitzend, mit einem blauen Hütchen auf dem Kopf und einem Regenschirm mit Silbergriff bewaffnet nach Berlin. Von morgens bis abends bin ich mit der Bahn gefahren, um die Stadt und die Menschen kennen zu lernen." Das Geld war nach zwei Wochen verbraucht, der Magen knurrte, die Hacken von den vielen Vorstellungsgesprächen schief gelaufen. In einem kleinkarierten Taftkleid stellte sie sich im Figaro-Theater vor und wurde vom Fleck weg engagiert.

„Ich lebte in einer Bruchbude in der Bamberger Straße. Auf dem zweiten Hinterhof. Zu mehr hat die Gage nicht gereicht. Zum Einweihungsfest brachten meine Freunde statt Blumen einen wackligen Stuhl, zwei Tassen, ein Handtuch, ein Feldbett und eine alte gebrauchte Gardine mit, die wir der einfachheithalber gleich vor die Fenster nagelten."

Mit den Worten: Eine neue unbekannte Erscheinung am Himmel des Kaberetts, wurde sie vorgestellt. Das Publikum amüsierte sich über das winzige rothaarige Mädchen auf der Bühne. Nach dem zweiten Lied donnernder Applaus. Schreie, Pfiffe, Fußgetrampel. Sechsmal musste sie den Refrain ihres Liedes singen.

Mein geliebtes Schmackeduzchen
komm zu deinem Enterich
lass uns beid von Liebe plauschen
innig, sinnig, minniglich.

Noch während der Applaus durch das Theater dröhnte, ließ der Herr Direktor neue Plakate drucken: Claire Waldoff der Stern von Berlin!
Bald sang die ganze Stadt: „Was liegt bei Lehmann unterm Apfelbaum", „Wer schmeißt denn da mit Lehm?", „Ach Jott, was sind die Männer dumm" und natürlich „Nach meene Beene is janz Berlin verrückt". Zille und sie wurden dicke Freunde. Claire liebte ihren Pinselheinrich. Jede Nacht gegen dreiviertelzwei kam er zu ihr ins Cabaret. Seinen Schlapphut auf dem Kopf, die Zeichenmappe unter dem Arm. „Heinrich war Sachse, und ich aus Gelsenkirchen. Nächtelang haben wir in seinen Kneipen gesessen und den Berliner Dialekt geübt", verriet sie später einmal einem Zeitungsreporter. Zille schreibt ihr: „Als ich dich kennen lernte, nannte ich dich Karl, und ein Kerl wie Samt und Seide bist du dein Leben lang geblieben. Rauchend und fluchend wie ein Müllkutscher, mit roten Bubihaaren, die wie eine Omnibuslaterne leuchteten, aber wie ein Heiligenschein dein liebes Schalkgesicht mit den lustigen Augen umgaben. Ich denke an unsere Wanderungen, um Nacht und Leute zu studieren.

Ich sehe dein erstauntes, ernstes Gesicht, als ich dir eine andere Welt zeigte."

Als Zille ihr im Cabarett „Roland von Berlin" in der Potsdamer Straße zum erstenmal begegnete, war er von der Kleenen aus Gelsenkirchen gleich angetan. „Nach ein paar Tagen erklärte sie mir, sie könne gar nicht singen und hätte deswegen große Minderwertigkeitskomplexe. Sie würde aber so bald sie ihre Gage bekäme sofort Gesangsunterricht nehmen. Ich war da ganz anderer Meinung und versicherte ihr, dass es falsch sie, wenn sie lernen wolle. Du musst bleiben, wie du bist, denn du bist etwas, was so selten ist - ein Original." Mit dem Lied von Frey und Kollo „Mein geliebtes Schmackeduzchen..." kam der große Durchbruch. Und für Claire stand fest: Wenn Zille ihr nicht Mut gemacht hätte, sie wäre nie ein Star geworden."

„Ich liebe diesen wundervollen Menschen und Maler. Was haben wir uns stundenlang, nächtelang über Berlin gefreut. Schließlich konnten wir beide gar keinen anderen Dialekt mehr sprechen. Jede Nacht zogen wir in Stallmanns Künstlerkeller, wo Ringelnatz und Tucholsky schon auf uns warteten."

Nach seinem zweiten Schlaganfall am 4. Mai 1929 schrieb ihr Zille nach Hamburg, er wünsche sich, sie würde noch einmal für ihn singen. Ihre Stimme würde alles um ihn herum erträglicher machen. Claire schreibt zurück: „Wenn es Dir ein wenig helfen würde, dann würde ich dir Tag und Nacht Dein Lieblingslied vorsingen. „Ne dufte Stadt ist mein Berlin - so wie früher."

In der Charlottenklause hatten Zille und seine Freunde ihren Stammtisch, den sie Kiwakosta nannten. Das war die Abkürzung für Kirsch-Wachholder-Kognak-Stammtisch. Bald nannten die Wirtsleute Karl und Lieschen Behres ihr Lokal in Zille-Klause um. Und als Heinrich seine Zeichnungen an die Wände hing und dafür von den Kritikern abgewertet wurde, weil Kunst nicht in eine Eckkneipe gehört, schreibt Zille ihnen einen Brief: „Meine Bilder sollen in Kneipen und Kaschemmen hängen, denn da kommen die meisten nämlich her und sollen auch wieder hin. In't Lokal können die Leute se wenigstens sehen, in't Museum jeht ja doch keener." Und ins Kneipenbuch vom 8. September 1927 verewigt er sich mit den Worten: „Kiwakosta ist eine herrliche kleine Insel mit ausreichender üppiger Nahrung, geordneten Finanzen und köstlichem Hafen - der Behrenbucht.. Bewohnt von einer friedlichen, wohlhabenden, teils nüchtern, geistig regen gesunden, mit Ausdauer sich fortpflanzenden, Geburtstage feiernden Bevölkerung, in dem traurigen Häusermeer Berlin. Heiter liegt das Eiland im wogenden Berlin, besucht von Ruhe- und Erholungsbedürftigen aus allen Ständen und Zonen, die feuchtfröhlich dort ihre Anker auswerfen: Selbst der morsche alte Kahn die Zille, die schon recht leck geworden, steuert noch manchmal in die gastliche Gestade, um unter den jungen und alten, fröhliche Gesundung suchenden Menschen meine Altersnot zu vergessen."

Zille und seine Freunde. Dass wäre nicht nur ein ganzes Kapitel wert gewesen, sondern könnte ein eigenes Buch füllen.

Und immer wieder wollten Freunde und Bekannte von ihm in die dunklen Ecken Berlins geführt werden. Dorthin, wo selbst die Polizisten nur zu zweit hingingen. Wo die Unmoral hinter jeder Hausecke lauerte, Brieftaschen auf geheimnisvolle Weise aus Jacken verschwanden, und Fäuste lockerer geschwungen wurden, als anderswo. Wo untersetzte Männer ihre Gesichter hinter hochgeschlagenen Kragen verbargen, und junge Frauen mit ihren Reizen lockten und gegen Bares im Treppenhaus oder im Absteigezimmer verkauften. Auch die Mitglieder des Kiwakosta (Kirsch-Wachholder-Gin-Stammtisch) waren neugierig, und baten Zille wieder, sie doch mal auf einen seiner Streifzüge mitzunehmen. Und im „Zillebuch" kann man lesen, was sich in einer dieser Nächte zugetragen hat:

Mein lieber Karl Hacker! 1
 Da Du mein letzter Begleiter Freitag nacht warst, hier der Bericht. Habe an der Kranzlerecke noch gezeichnet „Wurstverkäufer und Nachtbummler" – dann wurde „der Jas ausjedreht" und alles lag im Dunkeln – aber so finster, dass geplündert werden konnte. Ich verzog mich nach dem Bahnhof Friedrichstraße und habe dort den Zug „Westend" abgewartet. Es war für mich die Nacht lehrreich und ich danke Dir, dass Du mich bis zuletzt in sichere Hut nahmst – und nun ist für lange Zeit bei mir Ruhe. Weiß nicht, ob den beteiligten sieben Herren der Erforschungszug von Eindruck war, jedenfalls zum Drübernachdenken gabs Stoff. Habe den Gang nicht gern gemacht, mein Sehen ist anders, wenn ich allein bin. Aber nun können ja die Herren Baumeister die Straßen am Tage aufsuchen und manches neu entdecken. Sei für Deine Güte, mich zu betreuen, herzlichst gedankt. Ich sitze wieder in Arbeit, wenn auch nur, um mich vor der Alltagswelt abzuschließen – dann – hat alles noch Zweck: Gruß – herzlichst Dein alter H. Zille und Gruß den Stammtischfreunden.
 Es gab wohl kaum einen Menschen in Berlin, der mehr Kneipen in Berlin kannte als Heinrich Zille. Aber es waren nicht unbedingt die feinsten, wo man mit Schlips und Kragen sein Bierchen trank oder vornehm am Weinglas nippte. Es waren eher die Kaschemmen,

um die die feinen Bürger einen weiten Bogen machten und von ihnen hinter vorgehaltener Hand erzählten. Zu seinen Stammlokalen gehörte auch der Gasthof zum Grünen Baum im Scheunenviertel. Eine Kneipe mit Übernachtungsmöglichkeiten. Hier konnten sich die Gäste je nach dem Stand ihrer Brieftasche ein Bett aussuchen, in dem täglich die Bettwäsche gewechselt wurde, oder nur einmal im Monat. Mit anderen Worten, wer arm war und Pech hatte, schlief am 31. des Monats in der gleichen Bettwäsche, in der schon dreißig Vorgänger ihren Schweiß vergossen hatten. Doch wer hier verkehrte, konnte sich nichts Besseres leisten und hatte keinen Grund zum Meckern. Er war so tief gesunken, dass er keinen Anspruch auf Sauberkeit und Hygiene mehr hatte. Oder der Nußbaum in der Fischerstraße, von dem man sich folgenden Spruch erzählte:

Im Nußbaum links am Molkenmarkt,
da wird mit Zaster nicht jekarcht,
da trinkt man keene Lorke!
Et fliecht ja leider manchetmal
een Backenzahh ooch durch det Lokal...
Sonst aber is et knorke!

Der Nußbaum war mehr als 400 Jahre alt, und man nannte ihn den Hafen der Gestrauchelten. Entlassene Sträflinge aus den Zuchthäusern Plötzensee und Sonnenburg trafen sich hier zu einer Molle mit'n Korn, um ihre neue Freiheit zu feiern. Oder sich darüber auszutauschen, wie sie von nun an ohne regelmäßige Arbeit ihren Lebensunterhalt verdienen konnten. Man gab sich gegenseitig Tipps und baute sich auf. Hier fanden sich die Gestrandeten der Menschheit an der Theke wieder. Die, von denen der feine

Bürger behauptete, sie wären der Abschaum der Gesellschaft, und um die man auf der Straße einen weiten Bogen machte. Manch einer wechselte sogar den Bürgersteig, um ihnen nicht zu nahe zu kommen und die gleiche Luft atmen zu müssen. Hier wurde neuer Lebensmut gefasst oder die letzten Hoffnungen im Alkohol ertränkt. Der Stoff umnebelte das Hirn, gaukelte Kraft und Zuversicht vor, wo es in Wirklichkeit nur Elend gab. „Das ahnt ja keiner, was ich alles gesehen habe. Viele traf ich, die ihr Fläschchen Zyankali bei sich in der Tasche hatten, um nachzuhelfen, wenn's mal gar nicht mehr gehen will. Und wie oft habe ich abschrecken müssen. Laß man den Unfug, das Zeug taucht ooch niscjt mehr. Nee, ich möchte das alles nicht noch mal mitmachen müssen...es trägt sich verdammt nicht leicht.." In der Schankstube gab es eine ganze Wand voller Zillezeichnungen. Alles was die Wirtsleute in alten Zeitschriften, Zeitungen und Büchern vom ihm fanden, wurde ausgeschnitten und ruckzuck mit ein paar Mostrichklecksen an die Wand geklebt. Und viele der Zeichnungen waren mit seinen persönlichen Eindrücken versehen. So zum Beispiel die Bemerkung unter einem Bild, das während des ersten Weltkrieges entstanden war. „Dieses Lokal ist eine berüchtigte Kaschemme, auch jetzt noch. Hier machte ich als Trauzeuge bei einem schweren Jungen die Hochzeit mit. Er ist tot. Sie läuft noch."

    Hatte Zille wenig Zeit und wollte nicht so lange bleiben, setzte er sich an den Tisch gleich vorne rechts an die Tür. Denn kaum hatte Heinrich seinen Stammplatz eingenommen, verbreitete sich seine Ankunft wie ein Lauffeuer im ganzen Kiez. Er gab gerne einen aus und schlichtete als Unparteiischer auch schon mal so manchen Streit, bei dem sonst die

Fäuste geflogen wären. Einen ganz besonderen Freund hatte Heinrich in den stärksten Mann von Berlin gewonnen. Ihm gehörte in der Nachkriegszeit eine Kneipe, die jedermann im Kiez als Umschlagplatz für geklaute Ware kannte. Hier gab es von geklauten Uhren, über Ketten und Ringe bis hin zu Pelzmänteln alles für billiges Geld zu kaufen. Sogar Handgranaten, Pistolen und Gewehre hatte er manchmal im Angebot.

Zum Gastwirt Conrad Miertzsch von der Parochialritze hatte er fast ein Vierteljahrhundert lang ein freundliches Verhältnis. Er kannte sich in der Unterwelt aus, war Freund all derer, die es mit dem Gesetz nicht so genau nahmen. Er führte Zille in Kreise ein, die sonst keinen Fremden in ihrem Zirkel duldeten. So konnte Heinrich heimlich skizzieren, an ihren Festen teilnehmen und bei ihren Ausflügen gemeinsam mit der Unterwelt auf dem Kremser sitzen und Unter den Linden entlangfahren. Fragte man seine Freunde, wie sie Heinrich in Worten beschreiben würden, dann nannten sie ihn unkonventionell, liebenswürdig, aufrichtig und vor allem herzlich und offen. Spürte er Heuchelei, berechnendes Handeln, Intrigen, oder spürte er, dass andere ihn für Dumm verkaufen wollten, dann zog er sich wie eine Schnecke in ihr Haus zurück. Ausnutzen ließ er sich jedoch sehr oft, denn nicht immer spürte er es rechtzeitig. Er war zwar nach außen hin ein liebenswürdiger Polterer, der den Eindruck eines fest auf beiden Beinen stehenden Mannes machte, aber weil er stets an das Gute im Menschen glaubte, fiel er auch oft herein. Die Menschen, die er zeichnete, egal ob es bezahlte Modelle oder Frau Plottke vom dritten Hinterhof war, stets behandelte er sie liebenswürdig und menschlich. Viele seiner Modelle wurden so zu seinen Freunden, mit denen er hinterher in die Destille ging und ein Helles zischte. Zille bezahlte gut, mehr als so manch einer seiner gut verdienenden Kollegen, die die soziale Not ihrer Modelle ausnutzten. Oft vermerkte er sogar den Namen seines Modells auf dem gemalten Bild. Und über den schönen Adolf von der Akademie, schrieb er sogar eine Geschichte. Und mit Charlotte, Gertrud und Elfriede, seinen ständigen Aktmodellen, verband ihn eine herzliche Freundschaft. Wenn das Zeichnen selbst vielleicht nur eine knappe halbe Stunde dauerte, so saßen sie meist stundenlang zusammen und erzählten sich gegenseitig Geschichten aus ihrem Leben. Und Rosa Meißner aus Dresden mochte er ganz besonders gern. Sie brachte ihn immer wieder zum Lachen, dass so mancher Strich der Zeichenkohle danebenging und wiederholt werden musste. Im sächsischen Jargon erzählte sie Intimitäten und Geheimnisse aus ihren Liebschaften; und sie hatte zu erzählen...denn Rosachen, wie Zille sie nannte, war kein Kind von Traurigkeit und hatte viel mit Männern erlebt. Angeblich, so erzählte sie jedenfalls, hätte sogar der Kaiser ihr ein Geldstück uff de Hinterkachel jedrückt.

 Viele studierte Künstler machten Heinrich Zille den Vorwurf, er würde sich nicht standesgemäß verhalten. Sie verübelten ihm seine volksnahe Art, sein Verständnis für die Nöten der Armen und das Zusammensitzen mit ihnen am Stammtisch. Doch für Heinrich waren alle gleich. Er nahm an ihrem Schicksal teil, lebte und litt mit ihnen. Und stets hatte er die Hoffnung, dass seine Zeichnungen ein wenig zur Verbesserung ihrer Lebensumstände beitragen könnten.

 Einige Kritiker machten Zille und Hermann Frey auch den Vorwurf, sie hätten zu viele Freunde in der Unterwelt und würden sich zu oft mit ihnen zeigen. In einem Brief, den Zille im Mai 1922 an die Zeitschrift Jugend schickt, schreibt er: „Ich komme selten weg. Teils Alter, teils Jammer, dass sich die größte Allgemeinheit der Verbrecherzunft angegliedert hat. Die Früheren waren doch wenigstens noch eine Kaste, die man bemitleiden konnte, jetzt ist's Fäulnis bis in höchste Stände. Entschuldigen Sie bitte, aber ich besuche jetzt Leute, die früher geächtet waren und jetzt ehrliche Arbeit tun, so hat's sich verschoben."

In dem Bericht eines Reporters heißt es: „Es sind durchweg entsetzliche Räumlichkeiten. Die meisten starren vor Schmutz. Der Kalk ist abgeblättert, die Decke durch den Qualm der Petroleumlampen und durch den Tabakrauch bräunlich-schwärzlich gefärbt. Eine merkwürdig zerlumpte, schmutzige Gesellschaft sitzt hier zusammen, alle mit dem Ausdruck des Übernächtigten. Die neueste Nummer der Gerichtszeitung mit einer Nachricht über die Verhaftung eines entsprungenen Einbrechers geht von Hand zu Hand: Man liest die Verbrechernotizen etwa mit demselben Interesse wie in aristokratischen Kreisen die Hofnachrichten...Die Zuhälter besitzen unter den unregelmäßigen Truppen der Gesellschaft die straffste Organisation, was die Polizei bestätigt. Die große Mehrheit des „Athletenclubs", dem auch Zille verschiedener seiner Werke widmete, setzte sich aus dieser Kundschaft zusammen...Der Berichterstatter notiert auch auffallend viele blau geschlagene Augen, fehlende Zähne, zerrissene Ohrläppchen und Narben von großen Stichen...Sie tragen die Haare künstlerisch geordnet, auffallend bunte Krawatten mit großen Nadeln und starke Uhrketten...In der Kaffeeklappe in der Frankfurter Straße ertönte eine Alarmglocke, die die unwillkommenen Besucher beim Betreten einer bestimmten Stufe ausgelöst hatten, von den Eingeweihten aber gemieden wurde..."

Ja, das war Zilles Milljöh! Eindrucksvoller hätte es kein Reporter beschreiben können. Doch Heinrich verurteilte die Menschen in den stickigen Kneipen nicht. Die meisten von ihnen waren nicht freiwillig hier...es waren die Umstände. Bei jedem Spaziergang, den Zille durch das herunter gekommene Scheunenviertel machte, besuchte er sein kleines Bäumchen, dass im verdreckten, modrigen Viertel stand. Ein kleines, unscheinbares Eschenbäumchen inmitten des sozialen Abfalls, von Zille in „Zwanglose Geschichten und Bilder" unter dem Titel „Freiheit" eindrucksvoll beschrieben: „Als der übelste Teil des Scheunenviertels noch stand, fristete in einem der engsten Höfe der verkommenen modrigen Gassen ein Eschenbaum sein kümmerliches Dasein. Wie die Menschen, mit denen es die Atmosphäre äußerster Armut teilen mußte. Die Rinde zernagelt, zerschnitten, die ärmlichen Äste mit Lumpen behängt, umlagert von Müll und Unrathaufen. In diesem dumpfen Gefängnis, früh bis spät umstrichen vom menschlichen Elend, rang es , wie ein Kranker, nach Luft und Sonne.

Es waren hier wohl früher Gärten gewesen, und die Esche die letzte Erinnerung an Kieswege und Blumenbeete. Nun ist der ganze Stadtteil abgerissen, das Bäumchen steht wieder in Luft und Sonne. Es hat den Abbruch mit angesehen, wie vor vielen Jahren den Aufbau der elenden Zufluchtsstätten. Es hat Blätter, die bis zum Herbst aushalten. Seine Bedränger, die finsteren Mauen, sind als Bausteine in Haufen aufgestellt und, von der Sonne beschienen, ganz freundliche Nachbarn. Mancher von denen, die in dem Hause aufgewachsen, als Kind das Messer an der Rinde des Baumes probierten, ist jetzt noch Gefangener in einsamer Zelle. Von Zeit zu Zeit besuche ich das Bäumchen!" Zilles Zeichnungen kennt jeder, aber das er auch geschrieben hat, dass wissen die wenigsten. Zum Beispiel die Geschichte **"Die Nebelkrähe"**, eine heitere aber erschütternde Erzählung über einen Freund:

Der Maler Raabe war ein Jugendfreund des nun schon längst verstorbenen, bekannten Gastwirts Tübbeike, zu Stralow vor Berlin. Beide hatten in jungen Jahren die Kunstakademie besucht. Ernst ist das Leben, heiter die Kunst- Raabe blieb Künstler. In den Kunstausstellungen immer „totgehängt„, brachte er seit seiner Jugend kein Bild mehr zusammen. Frau und Tochter quälten sich für ihn. In seinem alten Zeichenbuch ist eine verwischte Skizze, vielleicht vor 30 Jahren gezeichnet, junge, tanzende Leute, auf einer Wiese bei der Stralower Kirche. Ein Bild aus der Zeit, die uns der Berliner Maler Hosemann hinterlassen hat. Diese Skizze will er immer noch fertig machen, soll ein Bild werden. So wanderte er fast täglich, seit seinen Jugendjahren, nach dem noch damals idyllischen Fischerdorf Stralow, dem beliebten Ausflugsort der Urberliner. Mit seinem pockennarbigen Gesicht, die große Brille auf der rötlichen Nasenkuppe, Sommer und Winter im abgetragenen Flauschrock, großen Schlapphut und abgegriffenen Skizzenbuch, war er eine bekannte Figur auf der Stralower Chaussee.

Es verschwanden Gärten und Wiesen, Fabriken und hohe Mietshäuser machten sich zwischen den Strohdächern breit, aus Stralow wurde Stralau, Ruder- und Segelsport, lärmende Großstadtfreuden zogen ein, es berührte ihn nicht - er lebte in der Vergangenheit.

Raabe kam nie bis zur Kirche, dem Motiv seiner Skizze, Tübbeikes Gasthaus ließ ihn nicht vorbei.

„Tag Julius!"

„Tag ooch, olle Nebelkrähe!" Raabe lehnt sich an seine Stammecke der Schenke. Ihre Unterhaltung ist wortlos, aber Tübbeike hat Schnäpse. Sein „Rittmeister", „Liebe mit Liebe„, der von ihm gemischte „Spreeathener„, aus Groggläsern getrunken. Die „Potsdamer Stange", die „Weiße mit Strippe" waren berühmt. Julius wusste, wieviel der Freund bedurfte. Dann nahm er ihn behutsam unter den Arm, brachte ihn vor die Haustür, drehte ihn mit dem Gesicht nach Berlin und „Jute Nacht, olle Nebelkrähe."

- So ist er in einer nebligen Novembernacht vom rechten Weg abgekommen - Am grauen Morgen umflatterte ein Schwarm kreischender Krähen ein Wasserloch der sumpfigen Stralauer Wiesen.

Diese Geschichte beschreibt die Vergeblichkeit eines künstlerischen Schaffens, unter der auch Zille Zeit seines Lebens gelitten hatte. Er fand sich nie gut. Er hatte ständig Zweifel an seinem Talent und konnte nie wirklich verstehen, wieso die Menschen Geld für seine Zeichnungen ausgaben. Er wollte besser sein - und stieß doch immer wieder an seine Grenzen. Seine Geschichten erzählen genau wie seine Bilder das Leben der Menschen am Rande der Gesellschaft. Er will zeigen, dass auch die Verstoßenen die gleichen Gefühle und Bedürfnisse haben, wie die sogenannte ehrenwerte Gesellschaft. Auch in der Geschichte „Bindedrahts Hochzeit" , ist dies das zentrale Thema. Der Bräutigam, schlank und biegsam, eben wie Bindedraht, war ein stadtbekannter Zuhälter. Er lebte von seiner Freundin, die er auf den Strich zum Arbeiten schickte. Die beiden beschließen zu heiraten. Es ist ist ein Tag wie jeder andere auch. Trude, er und seine Freunde spielen Karten, saufen und streiten sich - wie jeden Abend. Emil liebt seine Trude, auch wenn er sie jahrelang auf den Strich geschickt hat. Das soll nun aber endgültig vorbei sein. Doch wie in alter Gewohnheit läuft sie auf dem Nachhauseweg auf der anderen Straßenseite und wird von einem Freier angesprochen. Da ruft Emil ihr über die Straße hinweg zu: „Hau ab Trude, heute nicht." Lachte jemand am Ende dieser Geschichte, wurde Zille ernst und manchmal sogar böse. Denn es sollte keine lustige Geschichte sein. Er wollte damit sagen, dass die ganz unten genau dasselbe Stückchen Geborgenheit suchen, wie die ganz oben. Sie streben nach demselben bürgerlichen Glück wie die Frau Bürovorsteher und der Herr Rechtsanwalt. Nur sieht man ihre Tränen nicht, wenn sie in der Gosse liegen. Für Zille waren alle Menschen gleich, auch wenn sie noch so unterschiedlicher Herkunft waren. Er stellte sich nie über sie, war nie besser als der Kerl im Knast, der Arbeitslose, der seine letzten Pfennige vertrank, weil das Leben sonst nicht zum Aushalten war. Er war nicht besser als die Hure aus der Ackerstraße, die, um mit ihren drei Kindern zu überleben, sich mit fremden Männern ins Bett legte und ihnen Liebe verkaufte.

Kurt Tucholsky verfasste über seinen Freund Zille folgendes Gedicht.

Berlins Bester (nach Tucholsky):

Zweeter Uffjang, vierter Hof
wohnen deine Leute
Kinder quieken, na so doof
jestern, morjen, heute
Liebe, Krach, Jeburt und Schiss
du hast jesacht wiet is

kleene Jören mit Pipi
und vabogne Fieße
Tanz mit durchjedrückte Knie

er sacht: „Meene Sieße.„
Stank und Stunk, Berliner Schmiss
Du hast jesacht wiet is

grimmig warste einjtlich nich-
mal traurig und mal munta.
Dir war det janich lächalich:
Mutta, schmeiß ne Stulle runta-!

Im alter beinahe ein Schenie-
Dein Bleistift - na von wejen...
janz richjtich vatandn hamse dir nie
die lachtn so überlejen

Du kennst den janzen Kleista-
den ihr Schicksal: Stirb odas friss!
Du wahst ein großa Meista
Du hast jesacht wiet is.

    Tucholsky kannte ihn gut. Denn auch er war einer, der nicht schwieg, wo es etwas zu sagen gab. Über seinen Freund Heinrich sagte er: „Da wo das Proletariat zum Lumpenproletariat wird, wo es sich nicht mehr lohnt zu arbeiten, wo man verzweifelt, wo es überhaupt keinen Sinn mehr macht etwas zu tun, da, wo man sich fallen lässt, da hat er sich zu einer Größe emporgereckt, die erschreckt."
    Warum war Zille gerade in den unteren Schichten so beliebt? Die Frage ist recht einfach zu beantworten. Er war einer von ihnen, er blieb einer von ihnen. Selbst dann noch, als er Geld und Ansehen genoss. Er litt mit ihnen, auch als es ihm später besser ging. Er hatte seine eigene Armut nie vergessen. Den Geruch der zerquetschten Wanzen hatte er auch dann noch in der Nase, als er der Herr Professor

wurde. Im Gegensatz zu vielen anderen, die die Armen für ihr verkorkstes Leben verantwortlich machten, waren es für ihn „die Menschen, die ihrem Geschick nicht entgehen konnten und die ihren Lebensweg von Geburt an in harten Lettern vorgeschrieben finden." Malte er Landstreicher und Bettler, konnten sie sich sicher sein, außer einem Honorar, von ihm auch noch eine warme Mahlzeit und ne Molle mit Korn spendiert zu bekommen. Einige von ihnen beköstigte er sogar wochenlang. Und als das bucklige Lieschen, das er oft und gerne zeichnete, im schlimmsten Winter von Friedrichshain nach Charlottenburg lief, um ihm Modell zu stehen, ließ er seine Schwiegertochter aus den Anziehsachen seiner verstorbenen Frau neue Kleider für sie nähen.

Aber Heinrich war auch kein Kostverächter. Er liebte das Leben mit allen guten und prallen Seiten. Er liebte das Essen, das Trinken und das Verdauen, sagte ein Freund über ihn. Er konnte sich Nächte durch die Kneipen feiern; doch seine Herkunft vergaß er dabei nie. Er mochte nichts Dressiertes.

Fotograf Zille

Erst 1967 wird man auf Zille als Fotografen aufmerksam. Er hatte zwischen 1890 und 1910 viel fotografiert, und zwar genauso, wie er auch malte. Er sah die Fotografie nicht in Konkurrenz mit der Malerei stehen, sondern als eine Erweiterung seiner Ausdrucksmöglichkeiten. Es fällt auf, dass viele Zillefotos von hinten gemacht sind, ebenso wie ein Großteil seiner Zeichnungen. Die Erklärungen dafür sind verschieden. Die einen nennen ihn einen Po-Fetischisten und rümpfen ein wenig die Nase, die anderen glauben seiner eigenen Erklärung: „Ich habe mich stets bemüht, die Menschen in ihrer Würde nicht zu verletzen. Ich habe sie deshalb oft von hinten gezeichnet und fotografiert, weil ich nicht bemerkt werden wollte. Ich wollte keinen belästigen und stören. Sie hatten schließlich besseres zu tun, als meine neugierigen Blicke zu ertragen." Posen gefielen ihm nicht. Er hasste alles Unnatürliche. Und selbst da, wo er Modelle bezahlte, ließ er sie nie posieren im Sinne von sich zur Schaustellen. Den Unterschied zwischen einem Zeichner und einem Fotografen erklärte er so: „Wenn ein Zeichner die Menschen aufs Papier bringen will, sind sie alle beleidigt, drehen den Kopf weg, schimpfen, wollen einen aus dem Anzug stoßen. Wenn aber ein Fotograf sie auf die Platte bannen will, dann sind sie alle da und machen ein fröhliches Gesicht. Der Grund: Sie trauen dem Zeichner nichts zu."

Oft malte und zeichnete er nach seinen eigenen Fotografien. Notieren nannte er das. Dann zog er statt mit Skizzenblock und Bleistift mit der Kamera los und bannte alles auf die Platte, was ihn bewegte. Es gibt Bilder seiner Eltern, der Kinder, von dem Haus in dem die Zilles lebten. Er fotografierte privat sehr viel und auch sehr gerne. Zilles Beobachtungsgabe, sein geschärftes Auge für das Ungewöhnliche lässt Fotos der gleichen Qualität entstehen wie die seiner Zeichnungen.

Ein kleiner Junge mit Rucksack beim Pinkeln gegen eine Holzwand.

Er selbst inmitten mehrerer Kinder in der Badehose im Freibad.

Kinder auf Schlittschuhbahn und Kinder auf dem Rummelplatz.

Er fotografiert weibliche Akte, die er als Vorlage für spätere Zeichnungen benutzte. Verdreckte Häuser, enge Gassen kaputte Hinterhöfe. Zille ist auch mit der Kamera dem sozialen Abstieg auf der Spur. Arbeiter, Spaziergänger, Frauen bei der Arbeit. Zille benutzte großformatige Plattenkameras (13 mal 18 und 18 mal 24), die er sich bei der Photographischen Gesellschaft ausgeliehen hatte. Es sind in erster Linie Aufnahmen aus dem Familienkreis, von Künstlerkollegen und aus dem Atelier von August Gaul. Es gibt aber noch 338 Platten im Format 9 mal 12, die vermutlich zwischen 1890 und 1910 entstanden sind. Es sind Aufnahmen, die wir heute als Schnappschüsse bezeichnen würden. Unbekümmerte Szenen aus dem Berliner Alltagsleben.

1925 kommt es in Stuttgart zu einem Prozess wegen Pornografie gegen Zille. Er war oft sehr deftig in seiner künstlerischen Art gewesen und war vielerorts damit angeeckt. Seine nackten Frauen auf den Bildern waren immer wieder der Anstoß zu Schmähungen gewesen. Nun stand Zille vor dem Stuttgarter Gericht und wurde trotz der Gutachten berühmter Maler wie Max Liebermann und Slevogt wegen pornografischer Darstellungen angeklagt. „Der Maler Professor Heinrich Zille aus Berlin wird wegen pornografischer Darstellung zu einer Geldstrafe von 150 Reichsmark verurteilt. Die für den Druckvorgang benötigten Platten sind unbrauchbar zu machen", lautete das Urteil. Zille ärgerte sich, und immer wenn er sich ärgerte, musste er sich seinem Ärger Raum verschaffen. Gleich am nächsten Tag setzte er sich hin und zeichnete dieselben Szenen mit den gleichen Modellen noch einmal neu - diesmal allerdings angezogen.

Und schrieb die Worte drunter „Der Staatsanwalt kann uns , - es folgte ein langer Bindestrich - nichts abhaben. Außerdem war Zille der Meinung, er hätte die hohen Herren in den Roben wohl durch eine Zeichnung mit dem Titel „Drei Richter" beleidigt. Unter der er geschrieben hatte: „Das ist ja eben das Unglück! Jeder schließt von sich auf die anderen und berücksichtigt nicht, dass es auch anständige Menschen gibt." Erstaunlich bleibt allerdings, dass Zille nicht schon in der Zeit der Weimarer Republik Ärger mit den Behörden bekam. So hatte er schon 1913 unter dem Pseudonym W. Pfeifer die Hurengespräche veröffentlicht. Ein großformatiger Privatdruck mit chinesischer Fadenbindung. Es besteht aus 14 Vollbildern, 27 Seiten Text und 21 kleinen Zeichnungen. Die Erstausgabe wurde vom Stein gedruckt. Alma, Olga, Rosa, Pinselfrieda, Pauline, Minna, Bollenjuste und Lutschliese plaudern aus der Schule. Die Texte wirken so lebendig, als hätte Zille sie heimlich in der Kneipe mitgeschrieben. Auch hier die Kritik nicht am Leben der Huren, sondern an den Umständen, dem sozialen Umfeld. So lässt er Pauline sagen: „Hätten wir nicht so dreckig jewohnt, wärn nich so arm jewesen, dann wär woll manchet anders jeworden....Ach Jott, ja, die Lehrer! Die hab'n mir immer anjeklaut, ick war aber ooch schon een strammet Balg mit Ditten un' dicke Beene und hatte det ooch schon mit de Banane raus. ..Vater kam uff een Jahr inne Plötze (Gefängnis) und Mutta brachte sich heimlich een Wonneproppen mit. Aber wir hab'n uns an die Türe jeschlichen un' durch kleen Löcher zugekiekt."

Kein Wort der Anklage, keine Vorwürfe, kein erhobener Zeigefinger. Nicht einmal ein winziges Kopfschütteln oder Unverständnis ist zu spüren. Für ihn waren es die Umstände, die dazu führten, dass Frauen ihren Körper verkaufen. Als nächstes erzählt Alma von dem Elend zuhause, und von dem Schlafburschen, der zur Miete beitrug. „Nackend lag er da und aufgedeckt im Bett, wenn ihn meine Mutter früh Kaffee brachte und prahlte mit seinem dicken Pröppke; er sei klein aber fleißig." Dann folgt die Geschichte, dass Muttern mit dem Schlafburschen das Weite gesucht hat und Vater mit Alma zurückließ. Den Rest der traurigen Geschichte verpackte er in einem Gedicht.

Ich bin noch klein
Mein Ding wird rein
Ich will auch immer artig sein
Ach liebes Gottchen
Bewahr mein Grottchen
Vorm ollen großen Hosenwurm
Und seinem Samen
Amen

Die Zeichnungen zu den Huren-Erlebnissen sind klar und deutlich. Weit gespreizte Frauenschenkel, die tiefe Einblicke bieten, erigierte Glieder bei den Männern. Zille hat sich mit nichts zurückgehalten. Das ist der reinste Porno, sagen die einen. Die anderen halten es für bedeutsame und sozialkritische Kunst. Ein paar Seiten weiter erzählt Pinselfrieda: „Ich wachte mal auf, meine Scheide wurde betastet. Die Eltern untersuchten mich vorsichtig, was ich mir nicht merken ließ. Sie hatten es jedenfalls schon öfters getan und ich habe gedacht, ich hätte es geträumt. Es passierte auch, wenn ich noch nicht schlief, und wenn Papa seine Taschenlampe anknipste, und mir Mama das Hemd wegzog und vor's Gesicht hielt, rutschte ich, wie im Schlaf, in die Ledastellung, um es meinen Eltern zu erleichtern." Im Gegensatz zu anderen

Zeichnern und Schriftstellern der damaligen Zeit fällte Zille keine Urteile. Daraus erwuchs die Direktheit und Authentizität der Zeichnungen und der Texte über die Huren. Pinselfrieda: „Det kleene Haus in die Reetzenburg, wo die Weißbierkneipe „die kleene Pupritze" drin war, da hab ick det Licht der Welt erblickt. Mutter sagte manchmal: „Wenn de heiraten willst, immer erst die Nille uff'n Tisch. Liebe muß sin im Hausstand!" Oder: „Es prüfe, wer sich ewig bindet, ob sich der Schwanz zur Möse findet!" Bollenguste erzählt ihren Freundinnen: „...er wäre Jipsformer, so wat wie Künstler. Da ick mir in det Handwerk nich auskenne, lejt er mir sein Zabädäus, aus Jips natürlich abjeformt, ohne Schnauze jut sieb'n Zoll, uff'n Kuchenteller. Ick soll so jut sein und ihn zum Andenken an det schöne Fest behalten. Wir mussten mächtig über den Jungferntröster lachen und Mutter ließ die Jipsnille gleich verschwinden."

Zille besaß nicht nur das zeichnerische Gefühl für die Wirklichkeit dieser Szenen. Auch das Wortspiel der Huren ist so echt, als hätte Heinrich heimlich unter dem Tisch gesessen und mitgeschrieben. „...hatte aber keen Hausschlüssel, sagte er, da hab'n wir mit nach oben jenommen. Mutter schlief in ihr Bett. Ich und der Former in meins. Sie hat noch een Plättbrett zwischen uns beede lang jestellt, so hatte er sein Fremdenbette. Mittags bin ick von Mutters Lachen uffjewacht. Maxe, der Former, lag noch uff'n Rücken wie er sich hinjelegt, aber über det Plättbrett stand sein Maxe...aber ein Stößchen durchs Spitzenhöschen hat's aber nich jejeben, bis wir uffjeboten waren...dann kam die Hochzeit, die in die janzer Jejend große Uffseh' machte. In Maxens Stammkneipe „Zu den vier Arschbacken", war die Hochzeit...in unset Familienbuch hat er rinjeklirt:

Den Kopf musst du gesenkt nach hinten halten,
recht weit die Beine auseinander spalten,
und untern Hintern dir viel Polster stecken
damit die Gegend um die Scham recht hoch
bequem und frei daliegt das Loch!
...die Meechens hab' n sich bepisst vor Lachen. Maxens Kunstsabdruck hatte eene rote Schleife um un' wurde uff'n Teller rumjelangt, aus mein Pinkeltopp hab'n se Weißbier jesoffen."

Das Alter

Zille bekam gichtige Füße und jeder Schritt war eine Qual. Er wurde zuckerkrank und musste spritzen. Doch Diät zu leben, kam ihm nicht in den Sinn. Den Wein ließ er zwar von nun an sein, aber auf Bier und Weinbrand verzichtete er nicht. Nach wie vor liebte er das kernige, einfache Essen, zum Beispiel Rippchen mit Rüben. Wie er im Übrigen alles gern aß, was ihm der Arzt verboten hatte. „Die Wachsdecke auf dem Küchentisch musste ich nach jedem Essen sorgfältig abwischen, damit keiner sah, was ich heimlich gegessen hatte." Umso größer der Trubel um ihm herum wurde, desto mehr zog Zille sich in sein Kämmerlein zurück. Zwei volle Stunden des Tages verbrachte er damit, die Arztrechnungen armer Leute zu begleichen und Fünf-Markscheine in Umschläge zu stecken, die er an die Adressen einer eigens zu diesem Zwecke angelegten Armenliste verschickte. Ihn selbst konnte man nicht unbedingt als reich bezeichnen, aber er hatte genug zum leben und vor allem - zum abgeben. Nach seinem Tode erbte jedes der drei Kinder 40 000 Mark.

Die letzten Jahre seines Lebens waren nicht unbedingt das, was sich ein Mensch im Alter wünscht. Seine Briefe aus dieser Zeit belegen, dass er sein Leben oftmals mehr ertrug als dass er es genoss. An Käthe Mehlitz, einer Redakteurin der „Lustigen Blätter,, schrieb er nach dem Tode seiner Frau: „Muss Ihnen doch auch ein Lebenszeichen von dem ollen Einsiedler Zille senden...mein Leben war in den ganzen Wochen nur Arbeit und fürs Essen sorgen. Der Montagabend war mir schwer geworden. Ich hatte vergessen, mich für alt zu halten. Die Getränke waren zu stark und brachten mir schwere Tage. Ich mache mir Sorgen. Was soll werden? Bitte schreiben Sie mir doch, ob es Sinn hat etwas einzusenden."

Ein paar Wochen später: „Ich freue mich ja auch über das Grün, aber der olle Knabe ist schon so welk und kann sich nur noch an Rückerinnerungen ergötzen. Leben ist, langsam sterben."

Als ihm die Professur der Preußischen Akademie der Künste angeboten wurde, sträubte er sich mit Händen und Füßen dagegen. Er fühlte sich zu normal für die Akademie und fragte alle Freunde: „Wat soll ick da? Det kann doch nich sein, das ick fürn bisschen Stichelei ooch noch Professor werde." Er hatte den Eindruck, dass er unter den vielen studierten Leuten nur schief angesehen wird. Seine Freunde Max Liebermann und August Gaul hatten ihn als ordentliches Akademiemitglied vorgeschlagen. Zille ist jetzt 66 Jahre alt und ist auf dem Höhepunkt seiner Karriere und seines Könnens angekommen. Immer wieder äußerste er sich darüber, wie schade es wäre, dass Hulda dies alles nicht mehr miterleben könne.

„Der Stil eines Malers sich , wie die Schrift sich ändert. Erst wenn er einen Charakter, bleibt er", erklärte Zille seinen Freunden. Damit wollte er sagen, dass er noch lange nicht so weit wäre, um als Professor zum Vorbild für andere zu werden. Erst als Liebermann und Claire Waldoff mit Engelszungen auf ihn einredeten, ließ er sich vom Gegenteil überzeugen. Am 1. Februar 1924 war es dann so weit. Heinrich Zille stand er vor dem hohen Rat der Kunstakademie, um seine Ernennung zum Ordentlichen Mitglied und zum Professor zu erhalten. Für jedes neu aufgenommenes Mitglied war es Pflicht, einen eigenhändig geschriebenen Lebenslauf (siehe Anhang) zu übergeben. Er reichte dem Präsidenten der Akademie das

Papier. Max Liebermann nahm das Blatt entgegen, warf einen kurzen Blick darauf, dann legte er es stirnrunzelnd auf den Tisch. „Det is ja ulkig. Aber sagen Se mal, warum ham se denn det so kleen jeschriem? Es ist sehr schlecht zu lesen." Zille, um eine Antwort nie verlegen, blickte seinen langjährigen Freund über den Rand seiner runden Brille hinweg an. „Erstens sollte allet uff eene Seite jehn und zweetes brauchet ooch keener lesen."

„So,so", entgegnete der, nahm das Blatt vom Tisch und gab es Zille mit der Bitte, es doch selbst vorzutragen, wieder zurück. Und Zille fing an zu lesen. Seine Brille war ganz nach vorne auf die Nasenspitze gerutscht. Die Herren Professoren und Künstler der Akademie schwiegen. Sie lauschten Heinrichs Worten. Erst nervös auf ihren Stühlen hin und her rutschend, dann andächtig, zuletzt schmunzelnd. Nachdem Zille fertig war, brachen alle in schallendes Gelächter aus. So etwas hatte das vornehme Haus noch nie erlebt. Das waren die ersten frischen Töne in der sonst so stockstelfen Umgebung. Als Jüngster musste der 66jährige bei der anschließenden Abstimmung mit einer großen Blechbüchse von Mitglied zu Mitglied gehen und die Stimmen für seine Wahl einsammeln. Danach, kehrte er an seinen Platz zurück und meinte: „Na, det jeht ja noch. Aba als Lehrling musste ick nu noch Schnaps für de andern holen."

Und wenige Tage später schrieb er an seinen Freund August Kraus: „Lieber Kraus, weiß nicht, ob Sie von dem Vorgang Zille etwas wissen... aber man hat mir jewählt! Ich kann nicht sagen, ob ich dahin passe oder gehöre, will aber Professor Liebermann einen Dankbrief schreiben...dann ist's erledigt...denn ich werde wohl mit meiner bescheidenen, vielleicht mit Mitleid durchgebrachten Mitgliedschaft ein Außenstehender bleiben und darum gar nicht hingehen, im Fall mal 'ne Aufforderung kommt..."

In seinem Brief an August schreibt er auf seine Berliner Art „mir", wo doch eigentlich ein „mich" hingehört hätte. Wer nun glaubt, Heinrich Zille wäre der deutschen Sprache nicht mächtig, täuscht sich. Heinrich, eigentlich kein Freund des Berlinerns, benutzte die Mundart eigentlich nur, wenn er seine Bilder mit Texten versah, oder in den Kellerkneipen und in seinem Milljöh unterwegs war. Im täglichen Umgang mit Familie und Freunden, sprach er Hochdeutsch. Menschen allerdings, die ihn nicht leiden mochten, warfen ihm auf Grund seiner berlinerischen Bildunterschriften immer wieder vor, er könne keinen geraden Satz von sich geben. Und überall, wo er zitiert wurde, geschah es auf berlinerisch.

Als das Institut für Kultur einen Film über Zille drehen wollte brauchten sie mehr als acht Monate, um persönlich mit ihm sprechen zu können. Dr. Hans Cürlies vom Institut für Kulturforschung, erinnert sich: „Unter den Künstlern, die wir für unseren Filmzyklus „Schaffende Hände" aufnehmen wollten, war von Anfang an Heinrich Zille vorgesehen...Zille hatte schwere Bedenken. Was soll ich in der Galerie berühmter Männer. Und dann ‚ne halbe Stunde sagen Sie, dauert das, soviel Zeit habe ich überhaupt nicht. Ne, daran kann ich gar nicht denken. Die Kollwitz hat das auch gemacht.

Na, die ist ja auch Professor!

Sie doch aber auch.

Da haben Sie recht, Professor bin ich auch. Aber sagen Sie nicht Professor, sagen Sie Zille. Mit dem Professorwerden, das will ich ihnen mal erzählen, wie das war.

Und dann erzählte er, erzählte und erzählte. Es wurde 5, es wurde 6, es wurde 7 Uhr. Um 1/2 8 meinte Zille nach einer letzten herrlichen Geschichte von der Reichsmarine-Kriegsflagge, die auf seinem Sofa lag, dass die Zeit nun doch verquatscht wäre. Also dann bis übermorgen um 2 Uhr. Am anderen Mittag lag folgender Brief bei unserer Post.

Dem verehrten Institut für Kultur usw.------
Herrn Cürlies und Herrn Türck.
Sehr geehrte Herren!

Nachdem Sie von mir gegangen, bin ich zu dem Entschluß gekommen: Was hab ich unter berühmten Leuten zu tun – ich trachte nicht danach – Bitte kommen Sie nicht – wir haben uns nett unterhalten – fertig ist die Laube. Ich muß in meinen paar Wachstunden meine Männekins kritzeln, die Zeit langt nicht. Nichts für ungut.

Hochachtungsvoll
19. Juni 1925   Ihr H. Zille

Nach kurzer Trauer beschlossen wir jedoch wie verabredet hinzugehen und waren auch pünktlich da, sehr zur Bestürzung Zilles. Nach zwei Stunden sehr ernsthafter Vor- und Gegenvorstellungen war er bereit, zehn Minuten auf dem Filmaltar zu opfern. Als der Apparat stand, hatte Zille plötzlich die überaus glückliche Idee, dass der ja gar kein Papier zum Zeichnen da habe. Schließlich ließ er sich aber doch überreden, die Rückseite eines Blattes zu opfern. Dann nahmen wir auf. Der Himmel wollte uns nicht wohl, denn ein schweres Gewitter zog herauf...

Zwei Jahre später hatte uns Zille einen neuen Termin angekündigt mit folgendem Brief: Wenn Sie noch zwölf Tage warten können, ich denke in dieser Zeit mit meinen Arbeiten durch zu sein, dann will ich mich ausruhen – dann will ich alles über mich ergehen lassen – es sei: dann auch photographieren. Ich bin ein kranker Mann, auch alt genug, um zu verschwinden.

H. Zille

Zille, der einfache Mann aus dem Volke. Der Mann, der von ganz unten kam und mit denen ganz unten sich auch als Professor noch mehr verbunden fühlte, als mit denen, deren Stande gemäß er jetzt angehörte. Mehr als einmal bemerkte Vater Zille nachdenklich, ob es ihm nicht vielleicht sogar schaden könne, von nun Professor zu sein. Denn es gab Menschen um ihn herum, die sich über seine Kunst nicht nur lächerlich machten, sondern sie verachteten und bekämpften. Es waren jene Leute, die nichts vom Sozialismus hielten wie Zille und mehr darauf bedacht waren, ihr eigenes Geld schnell und ohne große Anstrengungen zu vermehren. Ein Zeitung schrieb: „Zille wurde 1924 Professor der Berliner Akademie. Im übrigen aber war es in diesen Jahren für die linksgerichtete Presse höchste Zeit, die im Grunde keineswegs sehr umfangreiche künstlerische Bedeutung Zilles immer weiter und weiter aufzublasen...Auch zur Bedeutung eines Hogarths, mit dem man ihn verglich, fehlte ihm die geistige Beweglichkeit und Mannigfaltigkeit der Auffassung. Bedauerlich war es zudem, daß der alternde Künstler anfing, mit seinem Proletariertum zu kokettieren.

Angriffe dieser Art gab es immer wieder. Doch meist ließen ihn die Schmähungen kalt. Er malte und zeichnete schließlich nicht für jene, die es sich finanziell leisten konnten. Stillschweigend nahm er die Kritik wahr. Ebenso stillschweigend ging er darüber hinweg, was eine Anekdote zeigt. Ein reicher Wichtigtuer in Hut und Weste, die über dem Bauch spannte, versuchte Zille lächerlich zu machen, indem er ihm die Frage stellte: „Ach, Professor sind Sie? Auf welcher Akademie haben S i e denn studiert?" Zille blickte den Mann an, räusperte sich, dass jeder im Raum auf ihn aufmerksam wurde. „Auf keiner, mein Herr„, antwortete er laut und deutlich. Aber auf d e r Schule, auf der ich gelernt habe, werden S i e nie etwas lernen." „Wie bitte?. Sie belieben wohl zu scherzen, Herr P r o f e s s o r Was kann das denn schon für eine Schule gewesen sein?" „Die Schule des Lebens, mein Herr!."

Genau wie Käthe Kollwitz, die im September 1919 in die Berliner Akademie gewählt und zum Professor berufen worden war, machte auch Zille sich nichts aus dem Titel. Und so manchen Brief, der ihn mit der förmlichen Anrede Sehr geehrter Herr Professor erreichte, beantwortete er mit dem Satz...„Bitte nicht mit Herr Prof...„ Er hatte Angst vor der Distanz zwischen sich und dem Milljöh, zwischen dem Herrn Professor und dem fünften Stand. Und eine Geschichte aus dieser Zeit zeigt, wie sehr Zille es hasste, als Ausstellungsstück vorgeführt zu werden. Sozusagen als der Professor zum Anfassen. Auf einer Gesellschaft in einer vornehmen Tempelhofer Villa, wurden ihm gleich beim Ankommen, die anwesenden Gäste vorgestellt. Nach einer. Viertelstunde rauchte dem armen Zille von den vielen Leutnants, Majoren, Frau Geheimrätinnen und Kommerzienräten der Schädel. Doch bevor ihm der Kragen platzte, ließ er seinem Unmut lieber freien Lauf. Als sich ein Rittmeister mit blasierten Worten vorstellt, erwiderte er. „Zille, hundsgemeiner Malermeester."

Durch die Verleihung dieses Titels war er ein Mann der Öffentlichkeit geworden. Seine Fotos erschienen in sämtlichen Zeitungen, Zeitschriften und

Magazinen. Bald war bekannter als ein bunter Hund. Man grüßte ihn auf der Straße, jeder wollte ein Autogramm. Er wurde bewundert, bestaunt und angesprochen. Sehr zu seinem Leidwesen, denn nichts war im mehr zuwider, als „Promi" zu sein. Es blieb auch nicht aus, dass man auch von seinem Geld etwas haben wollte. Ein wohlbeleibter und gut gekleideter Herr erschien eines Tages bei Zille in der Wohnung. Er plane eine Wohltätigkeitsveranstaltung und dazu erhoffe er sich seine Hilfe, erklärte er. Er schilderte die Veranstaltung in den höchsten Tönen und redete zum Schluss Zille mit dem Wort Prominenten an. Heinrich zuckte zusammen. Ein peinliches Schweigen entstand, das Heinrich mit dem Satz: Prominent. Wat is'n det? Soll das eine Beleidigung sein? beendete. Dass der wohlbeleibte Herr keine müde Mark von Zille bekam, muss nicht extra erwähnt werden.

Und dann gab es noch die Geschichte vom unsympathischen Maler, der zu ihm kam und seine Werke zeigte. Bevor Zille ein Worte sagen konnte, fragte der junge Künstler: „Leihen Sie mir 1000 Mark, damit ich mich ausbilden lassen kann?" Zille schluckte, klappte die Mappe zu und meinte frohgelaunt. „Wie ich sehe, haben Sie doch schon ausgelernt." Verdutzt blickte der Künstler auf den Meister und lächelte selbstbewusst. „Und...sind Sie der Meinung, ich würde ein guter Maler werden?" „Das nicht. Aber ein guter Schnorrer."

An einen Freund, der sich nach seinem Befinden erkundigte, schreibt er: Bin seit 1. 1. 1925 mit Kleinarbeiten festgelegt, die mir unter Umständen einen besseren Sarg gestatten. Im Moment segle ich dem Hafen der Sozialrentner entgegen."

Als am 21. März 1925 der erste Hofball bei Zille im Schauspielhaus am Gendarmenmark gestartet wurde, war Heinrich mit Freude dabei. Doch er wurde schwer enttäuscht. Statt einer Wohltätigkeitsveranstaltung für Arme, wurde es ein Fest der Grunewaldsobs, die sich für eine Nacht als Bettler, Nutten oder Ganoven fühlen wollten. Reiche Kaufleute, hohe Politiker, bekannte Künstler und die Neureichen Berlins waren gekommen. Ohrringe so groß wie Christbaumkugeln, Haartrachten von der Höhe des Turms zu Babylon und dicke Klunker an den noch dickeren Fingern der Fleischermeistergattin. Heinrich war enttäuscht. Doch der Beifall im Theater war groß. Man klatschte, johlte, rief nach Meister Zille. Der wollte sich heimlich, still und leise verdrücken. Es war ihm peinlich. Die Blaskapelle spielt eine Zille-Polonaise und ein paar seiner Zeichnungen werden versteigert. Den ganzen Abend über musste Heinrich Autogramme geben. Viel zu gutmütig, um nein zu sagen, bleibt er überall stehen, bis er nachts um zwei nicht mehr kann. Er setzt sich in den Kaschemmenkeller, legt die müden Füße auf einen Stuhl und will sich erholen. Doch auch hier findet er keine Ruhe. Nasse Bierdeckel, Hemdenkragen, Manschetten, alte Fahrscheine und Pappteller werden ihm hingehalten...und überall soll sein „Zille" rauf. „Es sollte ein Volksfest für alle sein. Und was haben sie daraus gemacht? Eine Champagnerparty." Aber wie immer, so glaubte Zille auch jetzt erst einmal an das Gute im Menschen. War der erste Hofball schief gelaufen, warum sollte der zweite nicht besser werden. Insgesamt fanden in den nächsten vier Jahren vier solcher Veranstaltungen unter seinen Namen statt. Einer wurde schlimmer als der andere. Nur Leute mit Geld konnten sich die Eintrittskarten zwischen 12,50 Mark und 50 Mark leisten. Die Menschen aus dem Milljöh, für die Heinrich den Ball gedacht hatten, konnten lediglich als Zaungäste von teilnehmen. Die 6000 Gäste, die zum Zilleball in den Sportpalast gekommen waren, kannten weder Frack noch Kragenhemd. Dafür gab es jede Menge Ballonmützen und Halstücher. Frauen in kurzen Röckchen und Netzstrümpfen, Herren in karierten Hemden. Der Herr Bankdirektor als Ganove mit einem künstlichen Messerstrich auf der Wange, seine Gattin als Hure mit einem Ausschnitt, der alles versprach. Die Herren Politiker vielleicht etwas dezenter, aber noch auffällig genug. Und zwischen der Polizei und den echten Ganoven herrschte für einen Abend Frieden. So hatten sie es abgemacht. Doch dann passierte es...Ein Polizist wollte seine Zeche bezahlen, griff in die Hosentasche und erschrak: seine Geldbörse war weg. Einer der Ganoven hatte also gegen das Abkommen verstoßen. Was dann geschah, passierte sehr schnell. Der Polizeipräsident persönlich ging zum Vorsitzenden des Ringvereins „Immertreu" und machte ihm klar, dass in einer Stunde die Geldbörse wieder da zu sein habe. Der Herr mit den breiten Schultern und dem Smoking nickte. Nach zwanzig Minuten war der Fall geklärt, und die Geldbörse samt Inhalt wieder in der richtigen Tasche. Als Zille davon erfuhr, meinte er: „So wat jibs nur in Berlin, daß sich Ganoven und Polente so jut vertragen."

Still saß Zille an einem Tisch in der linken Ecke des Sportpalastes. Das Bier schal geworden im Glas vor ihm. Nachdenklich schaute er sich in der Runde um. Waren das seine Leute? Waren das die Menschen, für die er sich einbrachte und seinen Namen hergab? Heinrich war frustriert über die Abzockerei der Veranstalter und zog sich enttäuscht zurück. Als er eine Stunde nach Mitternacht das rauschende Fest verließ, erkannte ihn zum Glück keiner der Menschen, die draußen standen und auf ein paar Almosen der reichen Gesellschaft hofften. Es waren die, die statt Champagner Wasser tranken und statt Eisbein eine Stulle mit Schiebewurscht zum Frühstück aßen. Sie schoben das Stückchen Wurscht auf der Stulle so langer hin und her, bis sie es mit dem letzten Bissen endlich runter schluckten. Den Blick nach unten gerichtet, die Hände hinter dem Rücken verschränkt, schlürfte Zille an der Menge vorbei. Heinrich schämte sich... „...nein, das war nicht mein Ball", erzählte er später.

Doch der Rummel um ihn ging weiter. Grete Zille schreibt in ihren Memoiren: „Vaters Gesundheitszustand verschlechterte sich mehr und mehr. Den Profit, den die Veranstalter der Zille-Bälle einsteckten, war sehr groß, dass, was Vater bekam, gering. Und darüber ärgerte er sich sehr. Am 21. März hatte der Hofball stattgefunden, am 24. Juni war noch keine Abrechnung mit ihm erfolgt. In einem Brief an mich deutete er die Möglichkeit eines Betruges an. Wörtlich schrieb er: Bin in letzter Zeit manchmal recht betrogen worden."

Als ein Berliner Vergnügungsverein die schriftliche Anfrage an ihn richtet, in welchen Kneipen denn ein Zilleball ausgerichtet wird, antwortet er im Februar 1928: „Das Publikum hat Zille ganz falsch verstanden. Meine Figuren in meinen Bildern sind die Menschen, denen man fortwährend begegnet. Freilich, der Besitzende kommt seltener darin vor. Man hat nun die Gesunkenen sich herausgegriffen, hat sich die Kostüme der sogenannten Lumpenbälle zu eigen gemacht...Selbst die Reste vom Bösen-Buben-Ball sind darin zu finden. Mein Zeichnen und Schreiben ist für den 4. Stand – den 5. Stand – freilich mit eingeschlossen – aber nicht so in der lustigen Form, als wie er getanzt und verstanden wurde. Es haben die Nörgler recht, die da, nach solchem Ball sagen: draußen standen die richtigen Zilletypen, im Saal waren die, die sich wohl fühlten, mal arm zu sein. O, wie recht! Mein Plan war Zille-Ball – es sollte Karneval sein. Volksfreude. Es sollten sich die Augen öffnen – sich die Menschen finden, sich erkennen – in der Freude des Lachens – des Lachens über das ernste Leben – sich helfend finden."

Ähnlich ging es ihm auch mit den Zillefilmen, die in seinem Namen gedreht wurden. Sie sollten eine Ehrung für ihn sein. Sein Werk noch bekannter machen und den Menschen seine Kunst und seine Güte nahebringen. Sagte man ihm. Doch in Wirklichkeit wollten die Herren Produzenten nur Profit machen. In über 2000 Kinos wurden die Zillefilme gezeigt. Und das Publikum stand Schlange an den Kassen. Ob in „Großstadtkinder" oder in „Die Verrufenen", Alkoholsucht, Verbrechen, Gewalt und Prostitution wurden gut vermarktet unter die Leute gebracht. Lange hatte Zille mit dem Filmproduzenten kämpfen müssen. Dann endlich hatte er es durchsetzen können, dass „Der fünfte Stand" wenigstens als Untertitel erwähnt wurde. Er schämte sich dafür, die Gefühle und Ehre der hier Dargestellten aus dem fünften Stand verletzt zu haben. So versuchte er es auf seine Weise aber doch noch gut zu machen. Er malte ein Plakat, dass eine Elendschar am Eingang des Kinos zeigte, dazu ein Selbstbildnis mit der Unterschrift: Das sind wir alle! Die Handlung des Film bestand aus Zilles Erlebnissen, die teilweise Jahrzehnte zurücklagen. Die Menschen aus dem Obdachlosenasyl spielten eine ebenso große Rolle, wie das Gasthaus zum Nußbaum. Die unterschiedlichsten Schicksale der letzten Jahre, verwoben mit seinen eigenen Erlebnissen.

Vom Metier Film war Zille begeistert: „Ich weiß nicht, wie viele von den dicken Zigarren dem angesoffenen Viehhändler aus dem Mund geschlagen wurden. Aber zum Schluss war sein steifer Hut wirklich so zerbeult, wie ich es bei mancher echten Keilerei gesehen hatte." Umso länger er den Dreharbeiten beiwohnte, desto mehr zweifelte er an die Malerei:„Ein Glück, dass ich schon so alt bin. Mit meiner zeichnerischen Kunst wirs wohl bald vorbei sein. Die Kamerakünstler bringen unverfälschtes Leben - ihre Figuren bewegen sich. Was habe ich mich gequält einen Hund zu zeichnen, der mit dem Schwanz wackelt. Und ich musste es dann drunter schreiben. Aber im Film wackelt der wirklich richtig. Und dann die Szene mit dem Viehhändler, der von eenem Meechen ins Dunkle jelockt und von ihren Kumpanen dann überfallen wird. Mein lieber Scholli. Wie oft se dem die Zigarren aus dem Mund jehauen haben und immer uff'n Hut ruff. Det so jenauso echt aus, wie ville Schlägereien, die ick wirklich erlebt habe."

Die Berliner Zeitungen nahmen das Spektakel sehr unterschiedlich auf. Eine schrieb: Die erste große Filmpremiere der Saison. Um es vorwegzunehmen, es war ein starker, voller und warmer Erfolg, ein Ereignis, ein neues Ruhmesblatt in der Geschichte des deutschen Films. Wenn das Filmjahr das hält, was dieser Film als Auftakt verspricht, so können wir mit einem Spaziergang des deutschen Films rechnen. Der Beifall war außerordentlich. Das Publikum, in dessen Reihen man u. a. Oberbürgermeister Böß und viele Künstler, so auch Käthe Kollwitz, bemerkte, feierte den anwesenden Meister Zille warm und herzlich, der dann mit einigen bewegten Worten für den Beifall dankte.

Der Redakteur eines andern Blattes hingegen sah die Premiere mit ganz anderen Augen. Um es vorweg zu sagen, Meister Zille befindet sich in schlechter Gesellschaft. Hier geht die Geduld nun aus. Man wird unruhig. Bislang hat masn das Ganze über sich ergehen lassen, milde und bestimmt sozusagen, um der Einlagen willen. Ab und zu erscheint wirklich etwas von Zille. Szenen in grauen Hinterhöfen, bei der Drehorgel, Schulkinder, die tanzen, Zigaretten rauchen, sich den Storch erklären. Der Film bedeutet ein Geschäft mit Zilles Namen. Er bedeutet Kasse auf Kosten des künstlerischen Ansehens von Zille. Keine Kritik hat es ausgesprochen. Zilles Kunst kommt aus der Tiefe. Sie berührt uns alle. Sie geht nicht an uns vorbei, dem Proletariat als Klasse. Der Humor zilles vertuscht, retuschier und verschleirt zwar, aber gerade in der Beschönigung reiß er Abgründe auf, die durch kein Geschwafel über die Ursachen des fünften Standes, den man bekämpfen, aber nicht heilen kann, zu überbrücken sind.

Nach der Uraufführung klatschen die Massen im Kino, dass es bis nach draußen dringt, wo Hunderte von Berlinern ihren Zille sehen und ooch mal anfassen wollten. „Da kommen Sie nie durch, Herr Professor. Die Leute erdrücken sie", meint einer der Schauspieler und will Heinrich durch die Hintertür ins Freie bringen. Doch Zille wehrt ab: „Wo ein Zille ist, ist ooch een Weg". Dann bahnt er sich seinen Gang durch die tobende Menge.

Nachdem der erste Film in den Kinos angelaufen war, wurde Zille mit Briefen überschüttet. Die einen wollten Autogramme, die anderen fragten nach Ratschlägen. Für sie war Zille eben nicht nur der Maler und Zeichner, sondern er war einer von ihnen, der ihnen mit Rat und Tat zur Seite stehen konnte.

Aber vor allem auch als Beichtvater und Zuhörer. Wie zum Beispiel Käthe T., eine 42jährige Hauswartsfrau aus dem Wedding. Sie klagte ihm brieflich ihr Leid. Vier Jören und keen Mann. Jedenfalls keener, der für se da is. Jeden Tach de Treppen putzen, eenmal inne Woche wischen und eenmal im Monat bohnern. Det Kreuz tut mir so weh, Herr Professor, schreibt sie. Und meene Seele is ooch anjeknackst. Wenn der Olle mal zuhause kommt, dann jibtet Keile, bis de Fetzen fliejen. Erst icke, bis ick nich mehr kroochen kann, dann die Kleenen. Imma druff, bis er seinen Frust lostjeworden is. Willi hat nämlich keene Arbeet, müssen se wissen. Man hat'n rausjeschmissen, weil er zuville jesoffen hat. Jetzt sauft er noch mehr, weil er keene Arbeet hat. Und Jeld ham wa ooch keens. Der Milchmann kieckt uns schon janz doof an, weil er imma anschreiben muss. Ick bin wejen meiner Kiner und mir in großer Sorge. Wat soll ick tun...? Diese Art Briefe bekam Zille täglich. Das Leid, das durch den Alkohol und die Arbeitslosigkeit entstanden war, schien unermesslich. Auf den Straßen die Kinder, die kaum was anzuziehen hatten, in den Torbögen Männer mit einer Pulle am Hals, die schneller leer war, als die Frau die Windeln des Babys wechseln konnte. Und dann immer wieder die Frauen, die als letzten Ausweg aus dieser Situation ihren Körper verkauften. Hilda legte sich für den Fleischermeister flach und ließ ihm sein Vergnügen an ihren schon schlaffen Brüsten. Dafür konnte sie abends den sechs Kindern endlich mal wieder ein warmes Essen kochen. Oder Frieda, die eigentlich in der Papierfabrik arbeitete, aber nie genug Geld für die drei Jören hatte, weil Paul, ihr Männe, sie jeden Freitag am Fabriktor abholte, sich ihre Gehaltstüte geben ließ und den Inhalt in der Kneipe versoff. Ja, Frieda ließ dann den Gemüsemann und den Wachtmeister ein bisschen fummeln. Schließlich knurrten die Mägen der Kinder. Aber auch die Bettelbriefe fast berufsmäßiger Schnorrer erreichten ihn täglich. Einige wollten ein Darlehen, um sich als Kohlenhändler, Gemüsemann oder Droschkenkutscher selbständig zu machen. Andere erklärten kurz und bündig, sie stünden kurz davor, den Gashahn aufzudrehen. Zille half, wo er helfen konnte. Aber seiner Menschenfreundlichkeit waren eben auch Grenzen gesetzt. Und jeder, der die Treppen zu ihm hinaufstieg, und ihn nur fünf Minuten sprechen wollte, wurde von ihm empfangen. Das aus den fünf Minuten dann manchmal zwei Stunden wurden, sei nur am Rande kurz erwähnt. Selten wurde es ihm zuviel. Doch wenn er dem Schnorrer sein Handwerk schon an der Nasenspitze ansah, konnte es passieren, dass Zille auf die Frage, ob er denn Zille sei, den Kopf schüttelte und meinte: Nee, bin ick nich. Ick bin nur sein Bruda."

Er bekam auch oft Anfragen, die seine Filmarbeit betrafen. In einem Artikel der „Deutschen Filmwoche" teilte er seinem Publikum mit: „Die Verrufenen (Der fünfte Stand) gehen mir aus dem Publikum dauernd so viel Anfragen zu, daß ich völlig außerstande bin, diese einzeln zu beantworten. Ich wäre ihnen deshalb zu Dank verpflichtet, wenn sie durch Aufnahme dieser Zeilen in ihr geschätztes Blatt, feststellen wollten, daß das Manuskript des Filmes nicht von mir herrührt. Wohl aber geht die Handlung des Filmes auf ein tatsächliches Erlebnis aus meiner ersten Schaffenszeit zurück. Im übrigen sucht der Film das in meinen Zeichnungen wiedergegebene Milieu des fünften Standes auf der Leinwand lebendig zu machen."

Danach folgten die Filme „Schwere Jungen - leichte Mädchen" und „Die da unten". 1927 äußerte sich Zille in der Funkstunde zu seinen Filmen: „Ick werde wieda vafilmt! Eigentlich hatte ick's verschworen – nach den Verrufenen nochmals wat mit dem Film zu tun haben zu wollen. Nee, nich det der Film nich jut jewesen wäre! Ick wünschte, ick könnte solche Szenen zeichnen, wie sie der Lamprecht jedreht hat...Nee, aber wie viel Tausende von Bettelbriefen ick Tag für Tag jekriecht habe! Manche kletterten auch die vier Treppen zu mir rauf, waren nicht los zu werden, wollten durch meine Vermittlung zum Film. Einer wollte überhaupt nicht mehr jehn, und wenn er bis morjen früh uff mein Empfehlungsschreiben warten müsste. Dann warten Se wenigstens uff'n Korridor, riet ick ihm, ick muß jetzt zu Bett jehn. Zu allem Überfluß kam noch die Simplicissimu-Affäre um eine Zeichnung hinzu. Unter jenes lustige Atelierbild, das die Frommen im Schwabeländle mir so herzlich gern als Sittlichkeitsverbrechen anjekreidet hätten – sie müssen, weiß Gott, mit der Lupe nach Verfänglichem jesucht haben -, hatte die Redaktion geschrieben: „Erst haben wir ihn berühmt gemacht, nu jeht er zum Film." Da hatt' ich's Einmal und nicht wieder, hatte ich mir vorgenommen. Übrigens in Amerika, haben mir Freunde von drüben geschrieben, hat der Zillefilm sehr gefallen. „Die Sümpfe Berlins" sind in den jroßen Städten wochenlang jejeben worden; in Chicago ham se sogar 'ne Galavorstellung für die rumänische Könijin (mit'n echt vajoldeten Thronsesselersatz und so) daraus jemacht. Immer, wenn eener uff der Leinwand eenen hob, ham die Amerikaner „Prost" jeschrien. Na ja, det versteh ick schon."

Die Zillebücher waren allesamt die großen Renner. Wenn Zille in Mußestunden seine Kinderzeichnungen noch einmal ansah, stellte er oft mit Verblüffung fest, dass es Gesichter gab, die ihm sehr bekannt vorkamen. Dann erinnerte er sich, dass die Kleene mit dem Luftballon, die Tochter von der Marktfrau war, die er ebenfalls schon als Kind gezeichnet hatte. Und die war die Tochter der Alten, die er Jahre vorher mit einem Trödelkarren auf der Straße getroffen hatte. Dreißig oder gar vierzig Jahre waren seither vergangen, und in seinen Skizzenblöcken hatte er inzwischen drei Generationen verewigt. Des Meisters Popularität stieg immer mehr. Sein Gesundheitszustand dagegen wurde immer schlechter. Um sich vor ungebetenen Besuchern zu schützen, heftete Zille einen Zettel an die Wohnungstür: „Bin krank! Bitte keine Besuche!". Eigentlich hatte er „Bin tot!" auf den Zettel schreiben wollen. Aber der Briefträger, ein Mann mit Zillehumor, riet ihm davon ab. „Lassen se det man schön bleiben Meista! Sonst kommen de Einbrecher und räumen ihn die Bude aus!"

Sein siebzigster Geburtstag soll ein großer Tag werden. Alle wollen mit ihrem Pinselheinrich, feiern. Einige ein Ständchen singen, andere Blumen bringen und Händeschütteln. Doch Heinrichs Gesundheitszustand ist nicht gut. Er muss für die Fotografen lächeln, seine Piepmätze streicheln und Zeichnungen in die Hand nehmen. Dabei hasste er das Fotografiertwerden noch mehr, als den Gang zum Zahnarzt. Kurt Tucholsky hat zu seinem Siebzigsten einen Geburtstagsartikel geschrieben.

„Zilles Seele ist ganz Berlin: weich, große Schnauze, nach Möglichkeit warme Füße, und: allet halb so schlimm...Zille hat das Amoralische im Blut. Er urteilt nicht, er zeichnet. Er richtet nicht, er empfindet...Im finstersten Finstern glüht dann immer der Funke echten Humors auf...Zille gehört zu den Neuen, weil er unbarmherzig sein kann und Herz hat, weil er vor Mitleid mitleidlos schildert, weil er die Ruhe weg hat...Du hast mal gesagt, Du sähest aus wie ein Droschkenkutscher, Heinrich... Laß man. Wenn du in Himmel kommst, dann klebt Dir der liebe Gott Flüjel hinten an Rücken, steckt dir'n Posauneken in die Hand und drickt Dir 'n Kranz ins Haar. Und dann nischt wie mit Halleluja rauf und runter. Und wenn dann die Leute fragen: Wer singt denn da oben so schön falsch? - dann will ich ihnen antworten: Pst. Da oben fliegt ER, Berlins Bester." Das Märkische Museum hatte 115 Werke von ihm angekauft und zum Geburtstag ausgestellt. Während die Gratulanten ihm auf die Schulter klopften und gute Besserung wünschten, schweiften Heinrichs Gedanken weit in die Vergangenheit. Er dachte an die erste Zeichnung, die er 1903 für dreieinhalb Reichsmark verkauft hatte. Auch damals schon ein kleines Vermögen. Denn er hatte sich für das Geld einen guten Anzug leisten können, den er noch 14 Jahre später trug... Habe die Ehre, Sie kennenzulernen, Herr Professor...Hallo alter Freund...Mensch Professorchen, schön dich zu sehen...komm Heinrich, trink eenen mit mir...die Sätze und Begrüßungen zogen an ihm vorbei und Heinrich wurde traurig. Er dachte an Hulda, die seinen Aufstieg nicht mehr hatte erleben können. Aber immerhin, die Kinder waren noch da. Als Claire Walldoff ihr Geburtstagsständchen sang, wurde es im Raume still.

...eine Kunst
brachte ihm des Volkes Gunst;
er malte statt Paradenmärsche
Mädchenbusen, Kinderärme:
lauter nackte kleene Beester -
Heinrich heeßt er!

Heinrich heeßt er,

der geschickt
weiß, wo der Schuh die Armen drückt.
Wenn ihr glaubt, er malt die Sachen
bloß, damit die Leute lachen,
liebe Kinder, ja, dann döst ihr -
Heinrich heeßt er!

Als am Abend die letzten Gäste die Wohnung in der Sophie-Charlotte-Straße 88 verlassen haben, blickte Heinrich auf all die Tulpen, Rosen, Hyazinthen, Nelken und Blumentöpfe. Nicht einmal die Vasen und Flaschen haben ausgereicht für die Unmenge Blumen, die man ihm mitgebracht hatte. Sogar die Badewanne war noch voll gestellt mit duftenden Blüten. Würste, Schinken, Schnaps und Schokolade überfüllten den Tisch, das Vertiko und die Regale. Wehmütig blickt Heinrich auf die leckeren Dinge, die er nicht essen darf, schmunzelt und freut sich über die vielen Geschenke. Beim Anblick der vielen Blumen murmelt er: „Menschenskind, wozu det allet? Wenn ick jemanden kennen würde, der gerade Hochzeit feiert, dem würde ick doch glatt die Blumen pumpen. Oder ick jeh morgen damit uffn Markt und verkoof se".

Zille ist zu erschöpft, um all seinen Freunden und Bekannten für die Ehrungen selbst zu danken. So erscheint mit der Überschrift „Zille dankt" ein Artikel in der Zeitung: Heinrich Zille bittet uns mitzuteilen, daß es ihm bei seinem Kranksein leider ganz unmöglich ist, allen den Tausenden von Freunden seiner Kunst, die seiner an seinem siebzigsten Geburtstag liebevoll gedachten, persönlich und schriftlich zu danken. Er schreibt uns dazu echt zillisch: Ich bin fertig...beinahe tot...das machen die Glückwünsche, ich solle noch recht lange leben.

Kurz nach seinem Geburtstag erfährt er von der geplanten Veröffentlichung eines Buches über ihn. Das Manuskript entsetzt ihn. Er schreibt an den Verlag: „Es hat...in ihrem Auftrage eine Biographie über mich (H. Zille) geschrieben, ohne daß sie und er mich gefragt haben, also so ganz heimtückisch hinten rum...um dem gedachten Buch H. Zilles Werdegang in die Flanken zu fallen. Für dieses elende, beleidigende und falsche Geschmiere gebe ich keine Erlaubnis zur Herausgabe. Ich werde mich unter den Schutz des Gerichtes und des Gesetzes begeben. Ich verbiete ihnen, mich in meiner Wohnung aufzusuchen, und bedaure schon Jahre lang, daß mich eine unheilvolle Stunde in ihre Vampirkrallen gejagt hat.

6. September 1928

H. Zille

Zille wird von Tag zu Tag schlapper und kränker. Schwiegertochter Anna muss die Leute abweisen und hat nur die Erlaubnis, bei ganz wenigen eine Ausnahme zu machen. Zu ihnen gehörten die Freunde Kraus und Gaul, Max Liebermann, Claire Waldoff und ein paar andere Künstler vom Kabarett. Die Söneland zum Beispiel, schubste immer die Klappe des Briefschlitzes hoch und rief ihren Namen in den Korridor. Die darf rein, pflegte Heinrich dann zu Anna zu sagen und stand meist selbst auf, um die Tür zu öffnen. In Hans Oswalds Buch „Zilles Vermächtnis" schildert Senta Söneland ihre Freundschaft zu Zille mit den Worten: In einem vornehmen Weinlokal lernten wir uns kennen. Das 8 Uhr Blatt prämiierte die beste Bezeichnung für den Verkehrssturm am Potsdamer Platz. Es wurde viel gemeckert. Nur Zille guckte voll List durch seine Brille. Auch bei dem darauffolgenden Essen. „Herr Professor...", fragte ich ihn irgendetwas Dämliches. „Mensch, nenn mir nich' Professor, nenn mir Heinrich." „Na, denn Prost Zilleken!" „Meinetwegen, aber nich' reden bei's Essen. Mit Messer und Gabel kommt man sowieso nich richtig ran...hier mang de feinen Pinkels genier' ick mir, det Hühnerbein in die Flosse zu nehmen." 3. Gang: Piesporter Sonnenseite. Da wurde er redselig. Und bei der dritten Pulle küsste er mich. Dann fragte er meinen Mann. „Det darf ick doch, Herr Major, ick bin' n oller Mann?

„Aber bitte sehr, Herr Professor, wir verehren Sie so." „Nee Senta, bist'ne janz nette Person – ick hab' immer jehört, Du bist'n Biest – wie kannste denn sowat heiraten mit Monokel und Smoking?" „Zilleken, das mit dem Biest stimmt, aber das mit dem sowat nicht. Der Sowat ist ein 1a Kaufmann. Wir leben 18 Jahre in glücklichder Ehe!" „Ohne Stunk?" „Na, ab und zu fliegt mal ein Gegenstand durch die Luft! Aber Jeßner (Staatstheater) sagt: Eine Ehe braucht deshalb nicht unglücklich zu sein, weil man sich manchmal zankt; das ist lediglich eine Temperamentsfrage.

Manche gemütliche Stunde hat man bei Schwannecke verlebt. Stundenlang konnte Zille erzählen. Voll grimmigen Humors. Seine ungeheure Popularität kann jeder ermessen, der die Zille-Bälle im Sportpalast miterlebte. Polizeiaufgebote waren nötig, um den Meister vor den Massen zu schützen. Sie hätten ihn sonst erdrückt. In seiner Gutmütigkeit schrieb er Autogramme, bis ihm der Arm erlahmte.

Senta Söneland: „Kurz vor seinem Tod kletterten wir noch einmal die vier Treppen in der Sophie-Charlotten-Straße hoch. Consentius, der schneidige Horch-Fahrer, liebte ihn abgöttisch: Nehm' Se mir mit ruff, Frau Direktern, ick möchte'n ooch noch mal seh'n, eh' er abhaut. Wenn ick ihm ankieke, denn is mich der janze Tag in Sonnenschein jewandelt."

Oben an der Tür das bekannte Schild: Bin krank. Wir klingelten gar nicht erst, riefen: „Söneland". Er: „Die kann rein". „Ick mach' nich mehr lange, det Wasser jeht schon bis an die Knie!„

„Ach was, Zilleken, Du machst noch bis hundert„ Jetzt wollen wir Dich mal knipsen."

„Photographiern mit die Beene?"

„Die Hauptsache is Dein Kopp."

Eine seiner Freundrinnen schnauzte mich an: „Sie begehn ein Verbrechen an dem Mann." Im Gegenteil. Für zwei Stunden vergaß er sein Leid, war aufgeräumt wie in gesunden Tagen. Und ein paar schöne Fotos entstanden. Zilles Tochter, brachte Bier: „Vaters Hauptkummer Ist, er darf seinen geliebten Mosel nicht mehr trinken."

Und wenn Alice Hechy sich an ihren Zille erinnert, denkt sie an die Sylvesternacht mit dem Meister. Auf die Frage eines Reporters einer Berliner Tageszeitung, was Zille zum Jahreswechsel machen werde, antwortete er: „Mit Alice Hechy das dunkelste Berlin durchstreifen." Er wollte mit mir losziehn, mir seine Freunde zeigen, sein Milljöh, und mich mit seinen geliebten Kindern der Straße bekannt machen, von denen er mir oft erzählte. Ich war stolz, dass der große Künstler ein deutliches Faible für mich hatte." Und als Alice Hechy 1922 eine Reise nach Kopenhagen unternehmen wollte, lehnte die dänische Regierung ihre Einreise ab. Als Zille ihren Kummer sah, zeichnete er ihr einen täuschend echt aussehenden Pass mit Stempel und Visum. „Es war zwar kein staatlich gültiges Papier, aber ein echtes Dokument von Heinrichs liebeswürdigem, herrlichem Humor. Der Wisch mit dem echten Visum läge wohl schon längst im Mülleimer, den gefälschten Paß aber halte ich hoch in ehren, sorgfältig verwahrt ist er, eine wundervolle Erinnerung an den lieben, unvergesslichen, großen Heinrich Zille."

Der Text des von Zille ausgestellten Passes lautet: Deutsches Reich: Ausweis für Fräulein Alice Hechy, Verwandlungskünstlerin, Sängerin und Schauspielerin, genannt, die Königin der Nacht. Man kann aber Fräulein A. Hechy auch am Tage rüberlassen.
Berlin 8.6.1922
Der Pass war mit einem 50 Pfennig-Stück abgestempelt.

Kurz vor Weihnachten 1927 wurde Anna krank. Die Lunge. Als sie zwei Monate später von Zille zur Kur nach Arosa geschickt wurde, engagierte sich Heinrich Maria Riethmüller, eine Frau aus der Nachbarschaft, die jetzt putzte, kochte und Wäsche wusch.

Seinem Sohn Hans teilt er am 30. April 1928 mit: „Ich bin arm und Sorgen verschiedenster Art drücken mich. Ich werde wer weiß wo eingeladen, schreibe ab, werde besucht, lasse mich verleugnen, verkrieche mich, will arbeiten...aber immer schwerer wirds. Jetzt, da ich alt bin, verstehe ich den Wert des Alters: Ich habe jetzt drei Ärzte. Vorläufig ist nichts Gesundes von mir zu erwarten. Es ist mir auch egal...ich kann nicht mehr Treppen laufen. Bin müde...müde...müde. Ich lass mich aber nirgends hinholen., leb in meiner Stube mit meinen vier Piepmätzen. Mir fällt schreiben schwer.

Es gehen so viele von mir, die noch jünger sind, dass ich mich wundere, warum sie mich nicht mitnehmen."

Zille und sein Milljöh. Das waren seine Straßenkinder, die Muttis mit den dicken Hintern, die Ganoven, die Arbeitslosen, die Huren und die Säufer. Er brauchte die engen Gassen, den Geruch nach Kohl und billigen Fusel. Er brauchte das Weinen und Zetern aus den dreckigen, nassen Kellerwohnungen. Das war sein leben. Das waren die Menschen, für die er sich einsetzte. Umso schlimmer wurde das Alter mit seinen Krankheiten, die ihn in der Stube festhielten. Er wollte dabei sein und war festgebunden. Er wollte helfen und konnte nicht. Seine Krankheiten waren mehr als eine körperliche Last. Oft fühlte er sich wertlos. Seine Seele schrie nach der Jugend mit der ihr zur Verfügung stehenden Kraft und Zuversicht. Sein Körper jedoch bewies ihm ständig das Gegenteil. Es gibt kaum einen Brief aus der damaligen Zeit, in dem Zille seinen Zustand nicht bedauerte...Diese Art der Hilflosigkeit war das Schlimmste, was es für ihn gab. „Ich sitze in meiner Wohnung fünfunddreißig Jahre, und was habe ich erreicht? Keine Schulden, meine Familie erhalten, mich selbst vor Bitternis vorläufig bewahrt, oh, ich kann nicht mehr schreiben." Erschütternde Zeilen eines großen Künstlers, geschrieben kurz vor seinem Tod. Auf der Höhe seines Ruhmes und doch vom Leben enttäuscht.

An Tochter Margarete schreibt er am 4. Oktober 1928: „Ich bin matt, Besserung habe ich nicht, auch nicht zu erwarten. Ich muss nun alles ordnen, damit ich nicht vorher überrascht werde. Habe an der Tür einen Zettel, will keine Besuche mehr und lasse niemand rein."

Am 3. Dezember 1928: „Ich kam nicht zum Schreiben, da ich mit mir zu tun hatte und habe. Ich liege viel...Gicht ist dabei. Der Lebensabend ist ja immer düster, warum soll's bei mir anders sein? Anna hat sehr traurig geschrieben; ich gräme mich sehr um das junge Menschenkind. Mach Dir keine Sorgen um mich, ich halte viel aus. Ich lass' niemand rein, die Vögel sind meine besten Gesellschafter".

Jeden Tag wird er dünner. Er mag kaum etwas essen. Nichts schmeckt ihm mehr. Am 17. Februar 1929 schreibt er: „Liebe Gretel! Heut, Sonntagabend, schreibe ich. Bin viel zu müd, aber nicht krank. Arbeit wird freilich wenig. Wozu auch? Die Jährchen halt ich aus. Ich freue mich noch mal auf die Sonne." Wenige Tage später erleidet Heinrich Zille seinen ersten Schlaganfall. Nicht lebensbedrohend, sagt der Arzt. Bettlägerig, rechtsseitig gelähmt, nur noch mühsam sprechen könnend, liegt er fast reglos im Bett. Der einst agile Mann, der keine Sekunde still sitzen konnte, wurde vom Schicksal zur Ruhe gezwungen. Umgeben von Freunden, Zechkumpanen und Künstlerkollegen, die ihn besuchen kommen. Es ist still geworden in ihm. Reglos liegt er im Bett und sagt kaum noch ein Wort. Ihm war klar, dass das wohl der Anfang seines Endes war.

Als Zille vom Stadtrat von Radeburg einen Brief bekommt, indem dieser anfragt, ob Zille etwas dagegen hätte, dass die Stadtverwaltung ihm zu Ehren eine Gedenktafel aufstelle, antwortet Zille: „Sehr geehrter Herr Stadtrat! Bin recht krank, auch schreiben tut mir weh. Verzeihen Sie mein Schweigen. Wenn Sie wollen eine Gedenktafel machen? Bald ist er tot. Mit Grüßen Ihr H. Zille
Drei Wochen nach dem Schlaganfall geht es ihm allerdings schon wieder besser. Er schreibt: „Gedächtnis, Greifen der rechten Hand, vieles war weg. Schreiben, Buchstaben malen gelingt noch schlecht."

An Sohn Hans

„...ich lass mich nirgendwo hinholen. Leb in meiner Stube mit meinen vier Piepmätzchen. Die sowieso verständig, wenn ich bis 1 Uhr liege."
Deutlich kommt seine immer stärker werdende Einsamkeit zum Ausdruck. Er spürt, dass das Leben, das

er mal gelebt hat, unwiederbringlich sein Ende gefunden hat. Er hat nicht einmal mehr die Kraft, sich dagegen aufzulehnen. Aus dem alten Kämpfer ist ein alter Mann geworden...

Claire Waldoff schreibt über ihren letzten Besuch bei Heinrich Zille:

Es stand immer noch an seiner Tür: bitte keinen Besuch, bin krank. Aber er erwartete mich. Gut, das du da bist, meine liebe Claire. Ein Lächeln huschte über sein gutmütiges Gesicht., und er schlürfte seinen Morgenkaffee aus einer großen weißen Tasse. Gestern klingelte es Sturm draußen, erzählte er mir, ich war allein und musste wohl oder übel öffnen. Da rast auf einmal ein Mann an mir vorbei, rein in die Wohnung., und was soll ich tun? Allein, alt und krank. Ich schlurfte hinter ihm her ins Zimmer. In der Ecke bleibt er stehen, mit den Händen in den Hosentaschen: es war eine Type von mir: Hia jeh ick nich mehr weg, Papa Zille, hia bleib ick, vastehste! Ick schlafe ooch im stehen, bei dir bin ick zu Hause. Menschenskind Claire, et war ne dufte Nummer; ihn wieder rauszukriegen war ein Kunsstück. Schade, dass du ihn nicht gesehen hast. Ja, sagte ich, es ist jammerschade, ich hätte ihn mit meinen Liedern gleich in die Flucht geschlagen."

Obwohl Heinrich Zille in seinen Briefen das Leid und seine Krankheit und sein Alter immer mehr hervorhebt, keimt manchmal die Hoffnung auf ein besseres und gesünderes Leben auf. Mit seinem Galgenhumor versucht er sich und die anderen zu trösten. Doch seine Kinder erleben mehr und mehr, wie sein Kopf immer wieder müde nach vorne sinkt, seine Hände zittern und die Augen nicht mehr den Schalk versprühen wie in früheren Jahren. Das Alter fordert seinen Preis...

4. Mai 1929...ein sonniger Frühlingstag bricht an. Das Grün der Bäume lässt die Natur leuchten, die Farben der Blumen auf Zilles Balkon versprechen einen heiteren Tag. Es duftet nach beginnendem Sommer. Heinrich liegt noch im Bett und döst. Wie so oft zieht die Vergangenheit an ihm vorbei. Seine Freunde lachen mit ihm, sein alter Arbeitskollege Kögler erscheint in seiner Erinnerung. Er sieht sich Schmetterlinge fangen, mit den Kindern über die Rieselfelder wandern und Drachen steigen. Im Nussbaum trinkt er seinen Kirschlikör, zeichnet still und leise ein paar verwegene Gestalten am Tresen. Einen Moment stockt der Atem...Hulda taucht in seinen Fantasien auf. Seine Frau Hulda, die Mutter seiner drei wohlgeratenen Kinder. Er seufzt...Ein Gemüsemann schiebt bimmelnd seinen Karren durch die Straße...Zilles Körper bäumt sich auf. Sein Oberkörper richtet sich empor, dann fällt sein Kopf ins Kissen zurück. Der zweite Schlaganfall hat ihn geholt. Heinrich ist rechtsseitig gelähmt, er kann kaum noch sprechen, sein Gedächtnis ist stark geschwächt. Mühsam greift seine gelähmte Hand nach dem Federhalter. Zille schreibt einen Brief an den Verlag Paul Franke in Berlin: „Ich bitte die Firma Paul Franke um meine Zeichnungen, auch um eine Photographie, die ich geborgt habe. Ich will noch meinen Nachlass ordnen. Geht nicht gut! Gruß H. Zille.

Er spürt wohl, dass es mit ihm zu Ende geht. Die holprigen Buchstaben, mit zitternder Hand zu Papier gebracht, lassen seine Kraftlosigkeit erkennen. Was dann kam, war ein Wechselspiel der Natur. Mal ging es für ein paar Stunden aufwärts, dann wieder holte ihn die Krankheit ein und er lag geschwächt mit geschlossenen Augen im Bett. Kaum noch atmend, sich nicht bewegend mit weißem Gesicht. Dr. Heiborns Worte, waren als Trost gedacht: „Wird schon wieder werden, Heinrich. Du musst nur ein bisschen Geduld haben." Doch Heinrich spürte die Lüge seines Freundes und lächelte nur: „Heilborn, du kannst zwar vieles. Dafür habe ich dich immer sehr bewundert. Aber eines konntest Du noch nie: Lügen." Sein Blick fällt dabei durch die runden Brillengläser auf die braunen Medizinflaschen neben dem Bett.

Die Berliner Zeitungen drucken laufend die neuesten Nachrichten über Zilles Gesundheitszustand. Der Briefträger muss an manchen Tagen dreimal kommen, um den Berg der Briefe und Postkarten zu bewältigen. Er tut es gerne. Denn auch für ihn war Zille nicht nur der Herr Professor, sondern in erster Linie Vater Zille, mit dem er über seine Sorgen reden konnte.

Den Brief seiner Freundin Claire Waldoff lässt er sich von Grete immer wieder vorlesen. „Heinrich. Lieber verehrter Meister! Ich bin so betrübt, zu lesen, daß Du so krank bist - und daß ich fern von Dir bin auf Gastspiel, daß ich nicht schnell zu Dir laufen kann in die Sophie-Charlotte-Straße 88, vier Treppen, und daß ich nicht wieder bei Dir sitzen kann in der Früh, wenn Du die Brötchen in den Kaffee stippst. Ich wünsche Dir von ganzem Herzen baldige Besserung. Wenn ich nur wüßte, wie ich Dir schnell eine Freude machen könnte, von hier aus. Vielen Dank noch für die Zusendung Deines letzten Berliner Buches. Es ist herrlich, wie Du immer bist, und ich bin ein bißchen beschämt, wie oft Du mein Berliner Jesichte gezeichnet hast. Lieber Heinrich, sei vernünftig und werde schnell wieder gesund! Das wünscht innig Deine Claire Waldoff.

PS. Wenn es Dir ein bisschen helfen würde, dann würde ich Dir Tag und Nacht Dein Lieblingslied vorsingen: Ne dufte Stadt is mein Berlin! Wie früher.

Der Sommer zieht in die Stadt ein. Zille wird schwächer und kränker. Es ist August. Die Sonne brennt vom Himmel herab. Heftige Schmerzen lassen ihn nicht zur Ruhe kommen. Morphium bringt ihm hin und wieder ein wenig Linderung.

Sein Sohn Walter: „Er spürte, dass die Uhr ablief. Aber mein Vater war bis zum letzten Augenblick bei klarem Verstand."

Tochter Grete wacht an seinem Bett. Zilles gelähmte Hand liegt ruhig auf der Decke. Seine Augen sind geöffnet. Es ist still im Zimmer. Es ist eine eigenartige Stille. „Vater", sagte ich leise. „Vater". Aber Zille antwortet nicht mehr. „Ich bin es doch, Deine Gretel. Vater beachtet mich nicht. Ich fasse seinen gelähmten Arm, aber Vater merkt es nicht. Und nun muß ich schmerzhaft erkennen, daß das Bewußtsein aus seinem nur noch schwach noch flackernden Leben gewichen ist."

Am 9. August, kurz nach sechs in der Frühe macht Heinrich Zille seinen letzten Atemzug. Der Pfleger Ludwig Drews drückt ihm die Augen zu.

In den Mittagsausgaben der Berliner Zeitungen steht in großen Lettern zu lesen: „Ein Liebling der Berliner ist gestorben". Und „Der Professor der armen Leute ist tot".

Am 13. August folgen 2000 Menschen seinem Sarg. Schauspieler, Sänger, Politiker, Freunde. Die Es-Dur-Andante von Haydn klang über den Friedhof von Stahnsdorf, gespielt vom Streichquartett des Berliner Philharmonischen Orchester. Oberbürgermeister Dr. Böß hielt die Trauerrede. Als Vertreter der Akademie der Künstler sprach der Bildhauer Professor

August Kraus: „Wie kam es, dass dieser Einsamkeits-Liebende in aller Welt bekannt war? Das ist wohl mit seinem Wirken und Schaffen verknüpft aus dem Zille schöpfte...Da war die ungeheure Belesenheit, die Herzensbildung, der Takt. Zille wusste genau, dass man ihn nur als Original sehen wollte, er war viel zu klug..."

Das Streichquartett spielte noch einmal, dann senkte sich der Sarg in die Grube. Die meisten Trauergäste waren aus seinem Milljöh. Es waren die Menschen vom fünften Stand, die aus ihren feuchten Kellerwohnungen gekommen waren und selbstgepflückte Wiesenblumen auf den Sarg warfen. Es waren die, für die er sich sein Leben lang eingesetzt hatte, mit Herz, Verstand und Zeichenstift ...

Als an seinem ersten Todestag vor dem Theater am Kottbusser Tor ein Denkmal von ihm enthüllt wurde, erklang Claire Waldoffs Stimme durch die Hinterhöfe:

Aus'm Hinterhaus
kieken Kinder raus
blass und ungekämmt,
mit und ohne Hemd.

Unten uff'n Hof
is'n Riesenschwoof,
und ick denk mir so beim Geh'n:
Wo hast du das schon mal geseh'n?
Das war sein Milljöh,
das war sein Milljöh,

jede Kneipe und Destille
kennt den guten Vater Zille
Jedes Droschkenpferd

hat von dir gehört
von NO bis JWD -
das war dein Milljöh

Zille-Briefe

An August Kraus
Postkarte
7. 8. 98, Peripherie-Charlottenburg
Lieber Herr Kraus!
Es herrscht hier jetzt große Hitze.
Es mag schön sein an ihrer salzigen Fluth
doch Ebbe ist bei mir, drum fehlt der Muth!
Gruß und gesundes Wiedersehen an Sie, Gemahlin und Kinder
Zille u. Frau

17. Dezember 1902
...Mein Reißen und der Winter sind nun vorüber – und die Sezession auch bald...Man hat mich in den Zeitungen öfter genannt, wenn die Leute wüssten, wie ärmlich meine Striche sind...Habe nur Arbeitermotive, die sich niemand in die gute Stube hängt, „ick tät's och nich"...die gesandte „Destille" ist nach einer farbigen Zeichnung vom vorigen Jahr (Sezession). Ein Arzt wollte es als Titelbild für eine Antialkoholiker-Schrift haben...
...unsere Kegelbahn gedeiht gut, ist beinahe nur Sezessionskegelbahn . Heute bin ich mal wieder nicht dabei, das liebe Reißen.
Bei mir geht's in der Familie wieder einigermaßen, meine Frau hatte neulich 14 Tage gelegen, was mich sehr mitgenommen hatte. Hörte, dass Sie zur Ausstellung nichts fertig haben! Nun mein lieber Kraus, habe Ihnen recht wirres Zeug geschrieben, Sie können mir glauben, mir ist spottschlecht.
 9.September 1927
Mein lieber guter August Kraus!

Heute, 9. Juli, ist ihr Geburtstag. Dazu sage ich und meine Kinder ihnen recht, recht herzliche Glückwünsche. Alles, alles Gute soll im Hause Kraus, vom Keller bis Boden, sich breit machen...

...ich bin leider so durch meine Hinfälligkeit und angespannte Arbeiten nicht gleich so denkfähig...Ach, wenn ich doch so schnell auf Füßen wäre, als früher einmal...will doch ne anständige Mittelleiche werden...

Lieber Kraus!
Es soll nun doch noch aus der Spessartpartie was werden, selbst ich als lahmer Läufer will mithinken!...

An seinen Freund Hermann Frey
1914
Lieber Herr Frey!
Endlich komme ich zum Schreiben...Wir waren einige Tage zu unserem Sohn uff's Land, meine Frau wollte sich erholen. Es kam aber anders. Gleich die erste Nacht ging's bei der Schwiegertochter los und meine Frau musste Hilfe leisten...Nun sind wir wieder in den alten Räumen. Bin von meinen Brotgebern stark angegriffen worden, dass ich so wenig liefere, was ich ja auch bei mir spüre, nun habe ich vieles müssen nachholen...

13. November 1917
Mein lieber Hermann Frey!
Komme bestimmt am Freitag vorm. Gegen 11 Uhr und denke bis 1 Uhr zu bleiben. Ich komme gegessen, also bitte gar keine Sorge und Umstände...

28. Januar 1919
Lieber Hermann Frey!

Schade, dass ich so klapprig war, das geht nun schon wochenlang, Müdigkeit, Schnupfen und alles mögliche...

Mein lieber Hermann Frey!
Jetzt ist's keine leere Redensart:
Wie geht's? Bist du Arbeiter oder Theaterrat! Oder Abgeordneter!...Bei der schwierigen Fahrerei ist es schwer sich zu besuchen, wenigstens ich vermeide jetzt alles was Unglück bringt. Bin neulich bei der Straßenbahn mit angerannt worden, Hose über'n Knie entzwei, das tut weh. Wünsche auch Sonne und Essen, sonst mache ich den nächsten Winter nicht mehr.

7. Juli 1919
Lieber Hermann Frey!
Als Einsiedel geht's schlecht, was hilft's! Schwiegertochter kann auch nicht kommen, keine Fahrt...ich denke immer noch mit Freuden an unsere Gespräche, ich Pessimist und du „der Himmel offen",...es hat mir bös reingewettert in mein Haus. Der Sommer muß noch viel bringen, ich habe Angst vor dem Winter...

24. November 1919
Mein lieber Hermann Frey!
...meine dumme Sache ist nervöses Herzleiden, es scheint zuzunehmen. Das Laufen geht schlecht, muß anhalten, bis sich die liebe Maschine erholt hat...Sonst ist's bei mir noch die alte Leier: Heizen, Asche runtertragen, Kartoffeln mit Schale, Kartoffeln ohne Schale, Suppe...Liege manchmal nachts wach und denke über den ganzen Hexenkessel nach. Ein Trost sind die kleinen Vögel, sie lassen sich jede Rede und jedes Futter gefallen...

31. Dezember 1919

Mein lieber Hermann Frey und verehrte Frau Wally!
...ich sehe immer mit zu harten Augen, das macht wohl meine seelische Arterienverkalkung...

An Sohn Hans
1905...auch ist es gut, dass ihr Gartenarbeit macht. Lernt dadurch Handwerksgriffe. Sonst wird man linkisch..

3. September 1908
Mutter war jetzt nicht wohl, aber es wird wieder besser. Jetzt kann ich nicht weg, vielleicht Ende September oder Anfang Oktober

Als Hans die erste Lehrerprüfung bestanden hatte, schrieb ihm sein Vater:
18. November 1908
Es fangen für Dich noch schwere zehn Jahre an, die 2. Prüfung, Ausschauen nach einem guten Ort für Deine Tätigkeit. Nebenbei sind das die schönsten Jugendjahre wo einen keine Krankheit stört, man immer den Himmel heiter sieht...

9. Oktober 1914
Von mir möchte ich sagen, dass ich zufrieden wäre, wenn der Winter vorbei ist...

31. Januar 1919
Gehe selten raus, nur das Nötigste zwingt mich. Stadtbahn fährt nicht und alle anderen Fahrgelegenheiten sind Plage und teuer. Am besten ist es, man

vergräbt sich in seine Arbeit und die habe ich genug. Es ist alles zerrüttet, ein Mensch sieht den anderen misstrauisch an, es ist alles eine große Verbrecherkolonie...

1924
ich bin manchmal schwächer. Ein Alter ist kein Junger. Komme wenig auf die Straße. Will auch nicht. Will einsam leben. Denke zurück.

17. August 1924
Nun hast ‚Du Ferien – hier ist es vorbei. Ich hatte keine. Wir leben aber, nur dass ich langsamer werde. Aber so ist's richtig – die Jugend stürmt, hat unendliche Zeit vor sich un d das Alter spart, damit das Leben nicht soll enden.

24. November 1924
Hier war heute wüster Wahllärm. Halte Dich von Maulmachern usw. fern. Erziehe Deine Kinder zu guten Menschen...

26. Februar 1925
Du bist in den besten Mannesjahren. Bewahre Dir diese Kräfte gegen Unbill und Lärm um dir...Bleib bei den Kindern, damit die Freude am Leben haben...

17. April 1925
Ich bin so, wie Du mich verlassen. Will, wenn ich mit der Arbeit durch bin, einen Arzt aufsuchen. Dann will ich mich erholen, Irgend in einen Sonnenwinkel, Ruhe – und nicht gefunden werden.

9. September 1925

Im Hause Zille gibt es keine Ferien. Ich glaube, wenn ich tot bin, dann gibt Gott Staat mir als Heimarbeiter die unheimliche Ruhe...und ich bin zufrieden, dem Theater nicht mehr lange zuzuschauen.

28. November 1926
...täglich zweimal Insulin, vielleicht wird's besser. Arbeite nicht, nur viel liegen. Laß niemand rein, keine Aufregung, nur Ruhe – Ruhe. Ich hoffe auf Sonne im neuen Jahr, möchte noch so viel tun, oder aber auch verdienen, denn ich habe lange als Rentner gelebt Na, werde es gut, ich wünsche es. Denn was hatte ich vom Leben? Arbeit, Arbeit und nun das Ausruhen, sind's Schmerzen.

17. März 1928
...ich bin etwas matt....Bin trotz der „Beine" im Märkischen Museum gewesen, zur Huldigung, die mir widerfahren...Resultat Ehrenmitglied....nun muß ich bald sterben – aber vorher kommen noch die Journalisten in der Zille-Klause zusammen – na, vielleicht nehme ich gleich den Sarg mit.

30. April 1928
Jetzt bin ich nur wenig am Tage auf, ich suche es nachts einzuholen. Freilich zum Leid des neuen Tages. Nun hat sich Gicht in die Füße eingenistet – zum Zucker – es soll der Mensch nicht allein sein – nun hab ich Ablenkungen. Ich laß mich nirgends hinholen, lebe in meiner Stube mit meinen vier Piepmätzen...wenn ich bis 1 Uhr liege, schweigen sie auch...

An Fräulein K. Mehlitz, Redakteurin der „Lustigen Blätter„.

Zu ihr entwickelte sich weit über das Geschäftliche hinaus ein privater und freundlicher Kontakt

Sehr verehrtes Fräulein Mehlitz! 27. September 1921
Der Montagabend war mir schwer geworden, ich hatte vergessen , mich für alt zu halten, die Getränke waren zu stark und brachten mir schwere Tage...

Liebes Fräulein Mehlitz 1925
Es war ein schöner Abend –Hoffe, dass Sie gut nach Hause kamen – bei mir wurde es spät – früh – wie es so bei Zille ist – Alle guten Vorsätze fallen ins Wasser (Selter) sobald er sich draußen blicken lässt...

Sehr geehrtes Fräulein Mehlitz!
Bin nicht krank, aber kränker als ich dachte.

Sehr deutlich äußert sich Zilles Einstellung gegen den Krieg in Briefen an Fräulein Lotte Schauerte.
Verehrtes Fräulein Schauerte!

Auf Ihren Brief vom 15. komme ich ich erst jetzt zum Antworten, entschuldigen Sie. In dieser schweren Zeit schweigt der Humor und kann Ihnen nichts schreiben...

Verehrtes Fräulein! 18. Januar 1928
Wie freue ich mich über ihr Bild und den Brief. Wenn ich auch vor Liebkosungen nicht mehr japsen kann,

159

aber Ihre hätte ich mit Wonne ertragen. Na, vielleicht komm' wir mal zusammen – von Gesicht zu Gesicht. Wenn ich nur flinker wäre! Muß der beschauliche, nach innen gekehrte Eremit sein, arbeite wenig, liege viel und habe Kränklichkeit

Im Herbst des gleichen Jahres schickte er ihr sein Buch „Bilder aus dem alten und neuen Berlin". Voller Freude antwortete sie am 20. Oktober 1928:

Hochverehrter, lieber Herr Professor Zille!
Ich bin außer Rand und Band vor Freude über Ihre Sendung. Wenn Sie mich gestern hätten in meinem Zimmer abends beobachten können, als ich Ihr Brief-Paket vorfand, dann hätten Sie zum mindesten geglaubt, ich bin ein Vollblut-Idiot.
Wie soll ich Ihnen denn bloß danken für all Ihre Güte. Sie haben eine entzückende Art zu schenken...Also, Sie lieber, lieber Armeleutemaler haben Sie nochmals innigen Dank für Ihr prächtiges Geschenk. Ihre ergebene Lotte Schauerte
Lene Krause, die gelähmte Cousine von Lotte, war ebenfalls vom Meister angetan. Am 21. März 1928 schickte sie ihm ein Gedicht. Sie hatte erfahren, dass Zille ein großer Spatzenliebhaber war und machte ihm mit den Zeilen über die kleinen Frechdachse eine ganz besondere Freude.
Ich wollt, ich wär' ein frecher Spatz,
dann litt ich keine Not:
Auf jedem Droschken-Halteplatz
fänd' ich mein täglich Brot

Auf Anstand würd' ich weniger sehn,
nur auf des Rosses Schweif
und würde dort auf „auf Anstand stehn„,

bis daß die Äpfel reif

Als Dank für diese ungewöhnlichen Zeilen einer Fremden, schickt Heinrich ihr ein Buch mit der Widmung:
Dem Pferdeappel gehts gut auf der Welt!

Geleitwort zum 1924 erschienen Bildband „Berliner Geschichten und Bilder".
Lieber Zille
...zwar ist das, was Sie darstellen, durchaus nicht vergnüglich. Im Gegenteil! Der Menschheit ganzer Jammer würde jeden anpacken, der in den nassen Kellergeruch und in die ungesunde Feuchtigkeit, die ihre Interieurs ausatmen, versetzt würde. Aber „was im Leben uns verdrießt, man im Bilde gern genießt", notabene, wenn das Bild von der Hand eines Meisters stammt. Wer aber ist ein Meister, der uns mit den Mitteln seiner Kunst sein seelisches Erlebnis so zu übermitteln versteht, dass wir es miterleben? Und so ein Meister sind Sie! Tausende und aber Tausende werden achtlos, auch wenn sie darauf achteten, sogar mit Abscheu an den Szenen, die Sie schildern, vorübergehen, wenn sie ihnen im Leben begegnen sollten; sie würden sie im weiten Bogen umgehen. Sie dagegen werden von ihnen tief bewegt. Das große Mitleid regt sich in ihnen, aber Sie beeilen sich, wie Figaro sagt, darüber zu lachen, um nicht gezwungen zu sein, darüber zu weinen. Wir spüren die Tränen hinter ihrem Lachen.
Wie jeder echte Berliner sind Sie naiv im Schillerschen Sinne. Sie lassen die Gegenstände einfach auf sich wirken: was Ihr Gemüt dabei empfindet, drückt Ihre Zeichnung aus. Sie scheinen nur zu registrieren

und Sie berichten nur über Ihre Eindrücke, und wären es auch die komischsten, mit ernsthaftester Miene, ohne, wie der Berliner sagt, mit den Wimpern zu klimpern. Aber hinter dieser scheinbaren Ruhe fühlen wir den warmen Pulsschlag Ihres Herzens, Ihr Mitleid mit den Armen und Elenden, mit den Verkommenen und Deklassierten. Man hat Sie einen Humoristen genannt, der uns Schwänke, lustige und traurige, im Bilde vorführt. Gewiss tun Sie das und werden es hoffentlich noch recht lange tun, denn dies tut uns Not in dieser traurigen Zeit. Aber Sie sind viel mehr als ein Humorist: Sie haben Humor. Ihre Bilder, sowohl die gezeichneten wie die geschriebenen, ohne dem Inhalt noch der Form nach humoristisch oder gar witzig zu sein, sind voller Humor, wie es die Erzählungen von Gottfried Keller waren, oder, um weiter zurückzugehen, von Jean-Paul, oder von Swift oder Sterne. Und diesem Humor, der so selten ist, wie ein weißer Rabe, verdanken Sie Ihre Popularität und Ihre Größe als Künstler.
Ihr Max Liebermann

Mein Lebenslauf, aufgeschrieben für die Akademie der Künste in Berlin

1872 lernte ich Lithograph und ging die Woche zweimal abends in den Unterricht zum alten guten Professor Hosemann in die Kunstschule, die damals in der Akademie war, ebenso zweimal in der Woche zum Professor Domschke, Anatomie, der sehr grob war – und die vollste Klasse hatte: „Wenn Se noch nich mehr kenn', dann setzen Se sich mit ihr Brett uff die Treppe un' nehmen nich hier die hoffnungsvollen Jünglinge, die bald nach Italien wollen, den Platz weg!" – aber die Klasse war übervoll, die jungen Leute freuten sich über den alten Herrn, der so wie der olle Schadow sprechen sollte – nach ihm hat's P. Meyerheim verstanden, das ‚Berlinern' weiter auszubilden. Der alte Hosemann ließ mich in seiner Wohnung, Louisenstraße, am Neuen Tor, ganz gern seine Skizzen und Zeichnungen ansehen und auch abmalen, sagte aber: „Gehen Sie lieber auf die Straße raus, ins Freie, beobachten Sie selbst, das ist besser als nachmachen. Was Sie auch werden – im Leben können Sie es immer gebrauchen; ohne Zeichnen zu können sollte kein denkender Mensch sein."

Es ist nicht gerade ein heiteres, von Sonne wenig erhelltes Feld, das ich mir wählte: der fünfte Stand, die Vergessenen! Ich bewunderte Hans Baluschek, den ich so hoch verehre und nie erreichen werde! Als Kind bei Entbehrungen aller Art aufgewachsen, machten die Hogarthschen Stiche, die ich als Junge in den Pfennigmagazinen entdeckte, großen Eindruck auf mich; ich verglich den Inhalt der Bilder mit dem Leben, das ich um mich sah. Mein Vater war der älteste Insasse des Schuldgefängnisses, den die Gläubiger schon jahrelang festhielten, bis das Gesetz über die Wechselhaft fiel. Dort erlebte ich Szenen wie sie Dickens im David Copperfield geschildert hat. Aus bunten Filz und Stoffresten verstand Mutter Schweinchen, Hunde, Katzen, Mäuse usw. plastisch darzustellen, wobei die Schwester und ich bis tief in die Nacht hinein halfen. Dann wurden die Tierchen auf ausgezackte Tuchläppchen genäht und gingen als Tintenwischer in die Welt - nachmittags, nach der Schule von mir verhandelt in den kleinen Schreibwarenläden im Osten Berlins. Es kauften auch größere Geschäfte und ich hole mir noch immer mein Zeichenmaterial von Bormann in der Brüderstraße und lege mein Geld dafür auf denselben Tisch, auf dem ich als Junge den kargen Verdienst für unsere Arbeit mürrisch hingeschoben bekam. Für die Bewohner im Hause gab es auch viel zu tun. Vom versoffenen Kommodentischler im Keller des Vorderhauses bis zur rohrstuhlflechtenden blinden Frau In dunkler Kammer, vier Treppen hoch im Hinterhaus, wurde ich der Vertraute. Die Woche ging ich zweimal in den Zeichenunterricht; das kostete den Monat einen Taler, den ich mir selbst verdiente. Von der ganzen Schulzeit waren mir die liebsten Stunden, in der ärmlichen Dachstube, Berlin O, Blumenstraße, beim alten Zeichenlehrer Spanner. Und merkwürdig, als älterer Mann wurde ich später in dem Verbrecherkeller, der sich dort befand, von dem Aufpasser an der Kellertür, den man Spanne nennt, mit dem Tode bedroht. Das Sehen und Erleben in den Kinderjahren half wohl später manche Bildchen gestalten. Oft ist's umgekehrt. Die armen Kunstjünger malen Reichtum und dicke Schinkenbrote, wogegen die reichen Leute die Armen in Wort und Bild darstellen. Ich bin bei meinem „Milljöh" geblieben - wenn auch nicht in dem Sinne, den mir ein reicher Malerjüngling erzählte. Als der zufällig ein paar Kinder, die ich oft gezeichnet habe, als Modell bekam und sich bei der Mutter der Kleinen beklagte, dass die Gören so wenig sauber wären, bekam er von der entrüsteten Frau zur Antwort: „For Zillen könn'n se ja nich dreckich jenug sin."

Also 1872 lernte ich Lithograph. In dem Hause war das alte berühmte Tanzlokal „Das Orpheum„. Zum Frühstück musste ich Bier holen, das konnten wir von den Kellnern des „Orpheums", die eine eigene Kantine hatten und vormittags beim Putzen des Fußbodens, der Spiegelscheiben usw. waren, bekommen. Da lagen noch betrunkene Männer und Weiber in den Nischen und Logen: die Glücklichen der Gründerzeit, die die Ernte der Kriegserfolge von 1870-71 einheimsten. Ich kam mal dazu, wie sich die Kellner eine besoffene dicke Hure über den Stuhl gelegt hatten und auf deren entblößtem Hintern einen Dauerskat kloppten.

Bei diesem Lithographen wurden die deutschen Heerführer und Fürsten dutzendweise in allen Größen fabriziert, ebenfalls nach Photographien verstümmelte und geheilte Soldaten für medizinische Werke auf Stein gezeichnet, Heiligenbilder, Madonnen mit blutenden Herzen, der Gekreuzigte usw., die dann in den Wohnungen der armen Leute, rechts und links neben dem Regulator hingen. Darunter baumelten die Kriegsgedenkblätter und Kriegsmedaillen der gefallenen oder verstümmelten Väter und Söhne. Wir hatten damals ein merkwürdiges Kunstgewerbe, der Triumph in der Möbelarchitektur war der Muschelaufsatz, all das frühere Gute ist jener Zeit aus den Wohnungen der kleinen Leute verschwunden, das Kunstgewerbe ging an die Arbeit. War auch die Arbeit am Tage nicht so erfreuend, umso mehr waren es die Abende in der Kunstschule und später im Abendaktsaal. Sonntags ging's ins Freie, um Landschaft zu versuchen. Die noch verbliebenen Zeit mühte ich mich, dass auf der Straße Gesehene aus der Erinnerung zu zeichnen. Der Lehre folgte die Gehilfenzeit; ich kam in gute Werkstätten, arbeitete mit R. Friese und Frenzel, den späteren Tiermalern und vielen tüchtigen Lithographen zusammen und erlernte den Buntdruck. Nach der Militärzeit ging ich zum graphischen Gewerbe, wie Lichtdruck, Zinkographie, Photogravüre usw. über, da hat mit das Etwas-zeichnen-können geholfen, gute

Arbeit zu machen. Mancher Beitrag für Zeitungen war entstanden, die Zeichnungen und Skizzen sammelten sich an, sodass ich auf Zureden von Freunden mich zaghaft traute, in der ersten Schwarzweiß-Ausstellung der Berliner Sezession 1901 auszustellen. Man war entrüstet über die Verunglimpfung Berlins und seiner Bürger. Nach und nach lernten die Leute sehen, urteilen und mich verstehen. Im Osten und Norden Berlins verstanden sie mich gleich, als meine Gestalten im Simplicissimus und der Jugend, den ersten Zeitschriften, die mir gnädig waren, auftauchten. Seit 1907 bin ich nicht mehr im graphischen Gewerbe und konnte mich mit dem, was mir am Herzen lag, nun ganz und gar befassen.

Meine erste eigene Wohnung war im Osten Berlins in einem Keller; nun sitze ich schon im Berliner Westen, vier Treppen hoch, bin also auch gestiegen. Einige Radierungen sind ins Kupferstichkabinett gelangt und eine Anzahl Zeichnungen und Skizzen in die Nationalgalerie. Jetzt, 1924, bin ich sogar Mitglied der Akademie geworden. Dazu schreibe ich das, was das völkische Blatt, der Fridericus sagt: Der Berliner Abort- und Schwangerschaftszeichner Heinrich Zille ist zum Mitglied der Akademie der Künste gewählt und als solcher vom Minister bestätigt worden. - Verhülle, o Muse, dein Haupt.

Mitmenschen
von Heinrich Zille

„Ja - ich erinnere mich; als ich zum ersten Mal, auf Drängen meiner Freunde, in der ersten Schwarzweiß-Ausstellung der Sezession, so um 1901 herum, in der Kantstraße neben dem Theater des Westens, meine Zeichnungen hingegeben hatte - Zeichnungen, die viel besser, wahrer waren als die, die ich später zum Broterwerb geleckter, frisierter bringen musste, die das herbe Leben der Armen zeigten -, da standen vor den Bildern viele Menschen; und ich hörte, als ich mal lauschte, wie ein älterer Herr, wie es schien, Militär in Zivil oder Hauptmann an der Majorsecke, zu einer Dame sagte: „Der Kerl nimmt einem ja die ganze Lebensfreude„ - da schämte ich mich, so verstanden worden zu sein!

Ja, und wie es mir passierte, dass ein reicher Kunstjünger, der Armut malen wollte und sich dachte, wenn er meine Modelle, die vom Wedding, hätte - dass er sich dann in das Milljöh besser hineinarbeiten, oder das ihm die Sache dann besser liege -, der aber auszusetzen hatte, der Mutter der Kinder gegenüber: „Det se doch so wenig sauber und so sehr dreckich wären„ und dass die Mutter ihm entrüstet erwiderte: „Ja - und for Zillen könn'n se ja nich dreckig jenug sin„ - Soll man sich da eigentlich nicht schämen? Da hab ich mich, als ich es später erfuhr, doch etwas geschämt. Und als mein lieber Freund Karl Arnold, der Zeichner im Simplicissimus, ein Bild brachte, das mich zeigt, wie ich vor zwei wohlhabenen Männer untertänigst stehe und der wohlhabenste mich mit den Worten anspricht: „Nehm' Se sich noch ne frische Habana, Meister Zille, Sie ham uns mit Ihren Nutten und arme Leute imma so ville Freude jemacht!." Da schämte ich mich, dass das so wahr war. Immer hab ich mit den kleinen Leuten gelebt, mit denen ich aufgewachsen, die für mich die Großen waren: - Volk - die Armen. Die den Besitz und die Wohlhabenheit weniger müssen erhalten, vermehren und sich selbst mit Brosamen sollen abfinden. Ich versuchte mit Wort und Bild die Vergessenen zu bannen, so nach und nach kam ich in die Zeitungen, illustrierte Zeitschriften, in die Witzblätter und wurde so der Arme-Leute-Maler. Es tut weh, wenn man den Ernst als Witz verkaufen muss."